Con gusto B1

Guía didáctica

von
Eva Díaz Gutiérrez

Ernst Klett Sprachen
Stuttgart

Bildquellennachweis
dreamstime.com (Totalpics), Brentwood, TN, **32.7**; iStockphoto (Alex Kalmbach), **56**; (WillSelarep), Calgary, Alberta, **32.4**; shutterstock (Bernd Juergens), New York, NY, **32.9**; Thinkstock (Getty Images), **32.5, 32.6**; (iStockphoto), **32.2, 32.8**; (Jupiterimages), **32.1, 32.3**;

1. Auflage   1 7 6 5 | 2020 19 18

Alle Drucke dieser Auflage sind unverändert und können im Unterricht nebeneinander verwendet werden.
Die letzte Zahl bezeichnet das Jahr des Druckes. Das Werk und seine Teile sind urheberrechtlich geschützt. Jede Nutzung in anderen als den gesetzlich zugelassenen Fällen bedarf der vorherigen schriftlichen Einwilligung des Verlags. Hinweis zu §52a UrhG: Weder das Werk noch seine Teile dürfen ohne eine solche Einwilligung eingescannt und in ein Netzwerk eingestellt werden. Dies gilt auch für Intranets von Schulen und sonstigen Bildungseinrichtungen. Fotomechanische oder andere Wiedergabeverfahren nur mit Genehmigung des Verlags.

© Ernst Klett Sprachen GmbH, Stuttgart 2012. Alle Rechte vorbehalten.
Internetadresse: www.klett-sprachen.de

Autorin Eva Díaz Gutiérrez

Redaktion Mónica Cociña Iglesias, Dr. Pilar Pérez Cañizares
Gestaltung und Satz Marion Köster, Stuttgart
Umschlaggestaltung Koma Amok, Stuttgart
Illustrationen Jani Spennhoff, Barcelona
Druck und Bindung Elanders GmbH, Waiblingen

ISBN 978-3-12-515013-3

Índice

Introducción 4

  1 Sigo aprendiendo 11

  2 ¡Buen viaje! 22

  3 Maneras de vivir 31

  4 Mirador 41

  5 ¿Papel o pantalla? 47

  6 Con gusto y sabor 55

  7 De todo corazón 65

  8 Mirador 74

  9 Grandes momentos 78

10 Mundos en contacto 86

11 Solidarios 93

12 Mirador 100

Fichas para fotocopiar 105

Introducción

Introducción

Con gusto es un manual de español para principiantes o falsos principiantes adultos o adolescentes que estudian español en instituciones como la Universidad Popular, escuelas de idiomas, centros de enseñanza secundaria y universidades. Se puede usar tanto en cursos extensivos (una vez por semana) como en cursos intensivos.

Con gusto consta de tres tomos que corresponden a los niveles A1, A2 y B1 del **Marco Común Europeo de Referencia (MCER)**. Este documento, así como el Plan Curricular del Instituto Cervantes y los objetivos previstos para el examen telc Español constituyen la base del manual.

Con gusto se caracteriza por contar con una amplia oferta de materiales adicionales que pueden utilizarse como complemento para la clase o como material de refuerzo para el trabajo en casa. De esta forma, se consigue una gran flexibilidad para los distintos grupos y la posibilidad de adaptarse a sus necesidades particulares.

Con gusto B1 ofrece los siguientes materiales:
- **Lehr- und Arbeitsbuch**, el libro del alumno que contiene, además de las unidades temáticas, un anexo con ejercicios y dos CD con todos los materiales auditivos.
- **Lösungsheft**, el cuaderno de soluciones.
- **Guía didáctica**, un material pensado para los docentes con descripciones detalladas de las actividades, propuestas para la clase y fichas para fotocopiar.
- **Congusto online**, un sitio web (www.klett-sprachen.de/congusto) con recursos para docentes y alumnos: enlaces, tests de nivel, fichas para fotocopiar, etc.

La concepción didáctica

Con gusto supone un paso más en el aprendizaje del español gracias a su enfoque didáctico, orientado siempre a la acción y pensado para poner en práctica los principios del MCER y los últimos resultados de la Psicología Cognitiva sobre el aprendizaje.

El esfuerzo por adaptar el proceso de aprendizaje a las características individuales del alumno responde a uno de los principios básicos del MCER. En este sentido, *Con gusto* se caracteriza por el respeto a la individualidad y tiene siempre presente el hecho de que el aprendizaje es un proceso individual. Teniendo en cuenta esto, aprender significa construir nuevos conocimientos conectando las nuevas informaciones con los conocimientos previos que se tienen.

Con gusto parte de las experiencias y motivaciones de los alumnos y presta especial atención a los diferentes tipos de inteligencias que describe Howard Gardner en su *Teoría de las inteligencias múltiples*. Según Gardner, no existe una inteligencia innata e invariable, sino una serie de capacidades que coexisten independientemente unas de las otras en cada individuo y que pueden estar más o menos desarrolladas. Ellas determinan nuestra forma de analizar y almacenar nuevas informaciones y, por lo tanto, nuestra forma de aprender. Actualmente, se habla de ocho inteligencias básicas:
- *La inteligencia lingüística-verbal* se relaciona con la sensibilidad lingüística y la habilidad de usar el idioma de manera eficaz.
- *La inteligencia lógico-matemática* es la capacidad de analizar problemas lógicamente y de razonar de forma deductiva, así como la habilidad para detectar estructuras.
- *La inteligencia visual-espacial* es la capacidad de pensar en tres dimensiones, de visualizar y de representar de manera gráfica ideas visuales o espaciales.
- *La inteligencia cinestésica* es la habilidad de utilizar el cuerpo y la facilidad en el uso de las manos.
- *La inteligencia interpersonal* es la capacidad de entender a los demás, interactuar eficazmente con ellos y mostrar empatía.
- *La inteligencia intrapersonal* es la habilidad para reflexionar sobre uno mismo y lo que hace.
- *La inteligencia musical* es la capacidad de percibir, discriminar y expresar formas musicales y la sensibilidad para el ritmo y el tono.
- *La inteligencia naturalista* es la capacidad de observar, distinguir y clasificar los objetos de nuestro entorno.

Basándose en esta teoría, *Con gusto* ofrece un gran número de actividades para los diferentes tipos de alumnos con el fin de que todos puedan encontrar el camino más adecuado para acercarse a la nueva lengua.

Para que el aprendizaje sea igualmente efectivo es necesario que el alumno conozca su propio estilo de aprendizaje y asuma su responsabilidad en el proceso. Por esta razón es importante desarrollar constantemente la autonomía y entrenar de forma implícita y explícita el mayor número posible de estrategias de aprendizaje.

Uno de los objetivos básicos del MCER es establecer un seguimiento transparente y comparable a nivel internacional de los conocimientos lingüísticos del alumno. Teniendo en cuenta dicho objetivo, una de las aplicaciones es el **Portfolio Europeo para las Lenguas (PEL)**, un documento personal que permite al alumno registrar de forma guiada y sistemática toda la información relativa a su aprendizaje de lenguas. El portfolio consta de tres partes:

- **El pasaporte lingüístico,** donde el alumno anota las competencias que va adquiriendo y archiva las acreditaciones que ha recibido.
- **La biografía lingüística,** en la que el alumno anota sus experiencias con los idiomas.
- **El dossier** para guardar ejemplos de su trabajo personal y documentar su proceso de aprendizaje.

Con gusto ofrece la posibilidad de acostumbrarse al trabajo con el portfolio gracias a las actividades planteadas. En el cuestionario *Ya sé / También sé* de cada unidad y en la parte *Ahora ya sabemos* de los miradores, el alumno valora las capacidades que va adquiriendo, así como sus avances y posibles déficits. En cada tarea final elabora un documento que puede guardar en su dossier. En el apartado *Aprender a aprender / Zona estratégica* de los miradores se le invita a reflexionar sobre estrategias de aprendizaje y a ponerlas en práctica.

El enfoque metodológico

Partiendo de la idea de que la función primaria de la lengua es la comunicación, *Con gusto* ofrece a los alumnos la posibilidad de aprender la lengua española de hoy como instrumento para recibir y transmitir informaciones, sentimientos, experiencias y opiniones. Trabajando con el manual, el alumno podrá desarrollar una competencia comunicativa que le permitirá desenvolverse de forma eficaz y adecuada en diferentes situaciones de la vida cotidiana, así como expresar sus propios intereses y necesidades.

El MCER define la competencia comunicativa como la suma de tres competencias:

- **Competencia lingüística:** conocimientos de palabras y recursos formales y la capacidad de utilizarlos.
- **Competencia pragmática:** capacidad de reconocer los principios según los cuales los mensajes se organizan y se estructuran.
- **Competencia sociolingüística:** capacidad para entender y producir enunciados adecuados en diferentes contextos sociales.

Una comunicación real

El MCER considera a los alumnos como agentes sociales que usan sus competencias en un contexto lo más auténtico posible dentro de los límites propios de la clase. Como reflejo de este enfoque basado en la acción, la lengua extranjera se usa siempre como un medio para resolver una tarea dentro de una situación de comunicación real. Esta se produce según los siguientes principios de la comunicación natural, es decir, la que se da en la lengua materna:

En la comunicación el contenido es siempre lo más importante. La enseñanza de un idioma debe capacitar al alumno para decir lo que realmente quiere decir y no a repetir mecánicamente frases hechas. Por ello, *Con gusto* ofrece en todas sus unidades una amplia paleta de recursos que serán usados según las preferencias o necesidades del usuario.

Comunicación significa interacción y persigue siempre un objetivo más allá de la propia lengua. Aprovechando la situación de clase como lugar de encuentro, se sugieren actividades para que los alumnos trabajen en parejas o en grupos y siempre con un objetivo que motive esta interacción, más allá del meramente lingüístico.

Conviene recordar a los alumnos que no hay que esperar a expresarse en el nuevo idioma hasta que uno esté muy seguro. Es importante experimentar e intentar comunicarse aun cometiendo errores, que con el tiempo y según se vaya interiorizando la lengua van a desaparecer.

El aprendizaje en espiral

El trabajo con las estructuras gramaticales y el vocabulario se va haciendo de forma espiral, es decir, volviendo a revisar periódicamente los mismos contenidos, cada vez con mayor profundidad. De esta forma, los alumnos tienen la posibilidad de

Introducción

retomar estructuras y recursos que aprendieron en otras etapas y ponerlos de nuevo en práctica. Esta repetición les ayuda a profundizar en aquellos aspectos que aprendieron y les permite construir nuevo conocimiento a partir de lo que ya saben.

Las cuatro destrezas

En *Con gusto* se parte de ejercicios receptivos (leer y escuchar) para centrarse más tarde en la producción (hablar y escribir). Así se deja a los alumnos el tiempo necesario para asimilar los nuevos modelos lingüísticos antes de pasar a producirlos.

En este tomo, aunque las cuatro destrezas siguen estando plenamente integradas y se combinan en mayor o menor grado entre sí, se apuesta por el perfeccionamiento de la conversación como ejercicio esencial para el desarrollo de la expresión oral. Se comienza con actividades orales controladas que parten casi siempre de la experiencia personal, para que todos los alumnos sientan que tienen algo que aportar. Sucesivamente se van realizando actividades menos controladas para expresar sus propias opiniones frente a las de los demás, para poder argumentar, describir, narrar o contribuir a que su interlocutor lo haga.

La gramática

Al trabajar con *Con gusto* los alumnos aprenden a actuar en la lengua extranjera y no adquieren un conocimiento lingüístico sobre ella. La gramática se ve como un medio para desarrollar la competencia comunicativa, nunca como un fin en sí misma, y se presenta de forma contextualizada y adaptada a las necesidades comunicativas de cada momento. Los cuadros de gramática y de recursos así como las notas al margen invitan al alumno a trabajar activamente: deducir reglas, completar paradigmas verbales, etc. En suma, se le anima en todo momento a implicarse en el proceso de aprendizaje.

La interculturalidad

En toda lengua se expresa una cultura, es decir, una forma de ver el mundo con sus costumbres y rituales. *Con gusto* invita al alumno a través de sus contenidos a descubrir las semejanzas y diferencias entre las dos culturas reflexionando primero sobre sí mismo y su contexto cultural. De esta forma podrá entender mejor la cultura ajena y evitar prejuicios y malentendidos.

Teniendo en cuenta que el mundo del español lo conforman tantos países diferentes, *Con gusto* sensibiliza al alumno sobre esta diversidad y despierta su curiosidad por otras culturas.

Los textos escritos y auditivos

Existen fundamentalmente dos grupos de textos según la función que cumplen en el manual: por un lado aquellos que presentan (normalmente en forma de diálogo) los modelos de lengua para las situaciones cotidianas, y por otro lado los textos que ofrecen información y que el alumno no necesita retener o reproducir. En todos los casos, los textos tienen un contenido motivador y relevante y un aspecto auténtico, aun cuando se hayan adaptado al nivel correspondiente. Eso ayuda a los alumnos a activar sus conocimientos previos y hacerse una idea del contenido. Para favorecer el aprendizaje y que este sea significativo, los textos tienen un nivel ligeramente más elevado que el de los alumnos. Esto aumenta el deseo de aprender algo nuevo. Sin embargo, los textos siempre están acompañados de actividades factibles que guían la comprensión.

Los CD que acompañan al manual, grabados por locutores de diferentes países hispanohablantes, contienen todas las audiciones para las actividades de comprensión oral de las lecciones y del anexo de ejercicios.
Con gusto entrena las diferentes estrategias de comprensión (global, selectiva y detallada) haciendo hincapié en la comprensión selectiva, ya que es la estrategia a la que recurrimos con más frecuencia en la vida cotidiana. Gracias a las tareas que acompañan al texto, el alumno se encuentra en una situación de comprensión activa: construcción de hipótesis, selección de léxico, reconocimiento de aspectos verbales y no verbales, deducción semántica según los elementos prosódicos, etc.

El papel del profesor y del alumno

En *Con gusto* el protagonista no es el libro ni el docente: es el alumno mismo, que no se considera un receptor pasivo de los conocimientos, sino el agente principal que participa activamente en su proceso de aprendizaje en colaboración con el docente y los otros alumnos. Por eso, se han buscado temas motivadores y textos relevantes y actuales. También se ofrece una amplia tipología de actividades con el fin de respetar la variedad de estilos de aprendizaje y se combinan el trabajo individual y el cooperativo.

Introducción

El entrenamiento para usar las estrategias de aprendizaje responde a la intención de que el alumno vaya reduciendo la dependencia respecto al docente y desarrolle con el tiempo una mayor autonomía. Esta enseñanza centrada en el alumno puede encontrar resistencia entre las personas acostumbradas a sistemas tradicionales donde el docente asume todo el control. Por eso, es importante darles tiempo para acostumbrarse y animarlos a confiar en el método, a experimentar y a sacar conclusiones propias.

La tarea fundamental del docente es la de organizar, guiar y evaluar el proceso de aprendizaje de manera que los alumnos puedan encontrar su propio camino. Tiene que acompañarles como consejero y experto y no como el depositario de toda la información. Asimismo, tiene que prestar atención a los aspectos afectivos del proceso: la clase debe ser un espacio de confianza e intercambio en el que se fomente la participación activa y sin miedo de todos los alumnos. Por último, cumple la importante función de mediador entre las dos culturas.

El libro del alumno

El elemento central de *Con gusto B1* son las 12 unidades: 9 unidades temáticas y 3 unidades de repaso (*miradores*). En cada unidad se tratan temas actuales, de interés para adultos y con la profundidad que el nivel de lengua de los alumnos permite. El enfoque temático facilita la retención de contenidos léxicos, gramaticales y discursivos, ya que el cerebro archiva más fácilmente campos temáticos que elementos aislados. Los recursos, la gramática y el vocabulario aparecen en función de dicho contenido temático.

Una secuencia de 4 unidades (3 temáticas y un *mirador*) está pensada para un semestre (unas 30 horas lectivas) y el manual, según el tipo de curso y el ritmo de aprendizaje, para unos 3 semestres.

Las unidades temáticas

La primera página
Cada unidad temática comienza con una página introductoria que presenta los objetivos de la unidad. Con varios elementos visuales y textos breves se despierta el interés de los alumnos por los nuevos contenidos. A través de una pequeña tarea, toman un primer contacto con lo que van a aprender y se dan cuenta de que ya tienen algunos conocimientos previos del tema.

Tres páginas dobles con los nuevos contenidos
Las siguientes páginas se subdividen en pequeñas secuencias de aprendizaje. Suelen comenzar con un texto de presentación (escrito o auditivo) o una actividad para ampliar vocabulario. En una primera fase los alumnos se centran siempre en el contenido. Después, se presentan varias actividades y cuadros para sistematizar un aspecto gramatical concreto o unos recursos lingüísticos. Estos pasos tienen un carácter normalmente receptivo, con el fin de que el alumno tenga tiempo para asimilar las nuevas estructuras. A continuación, se pasa a la fase productiva con actividades que van de más a menos guiadas para que los alumnos apliquen de forma activa los nuevos conocimientos. Para las actividades orales se suele dar un modelo de lengua a fin de que el alumno entienda mejor lo que se espera de él.

La tarea final
En esta tarea se integran varios aspectos aprendidos en la unidad en un contexto más amplio. Los alumnos tendrán que resolver un problema, negociar, ponerse de acuerdo entre ellos o intercambiar información para crear un producto, generalmente escrito, (un folleto, un poema, un artículo, etc.) que se puede guardar en el dossier del portfolio. La tarea final favorece el trabajo cooperativo y autónomo de los alumnos y les permite hacerse una idea de su progreso. Los procesos que tienen lugar en la clase para llegar al producto son tan importantes como el resultado.

Amor imposible
Es el título de la radionovela que los alumnos podrán seguir en cada unidad. Es una sección pensada para que los alumnos tengan, por un lado, la posibilidad de trabajar la comprensión auditiva y por otro, una motivación para escribir. Con cada capítulo, además de escuchar una historia de amor, los alumnos leerán la "otra" historia: la del equipo de radio que hace el programa. Además, realizarán pequeñas tareas en su papel de asistente de la directora.

Con sabor
Con gusto B1 propone a los alumnos un "viaje" cargado de sabor para conocer mejor algunos de los productos más importantes de España y América Latina. En cada unidad irán descubriendo detalles sobre su origen, producción, propiedades, formas de usarse en la cocina, etc. Estos textos no pretenden introducir nuevos contenidos lingüísticos, sino dar al alumno

Introducción

la oportunidad de leer por placer y de ampliar sus concimientos sobre el mundo hispano. A lo largo del texto, se plantean varias preguntas para fomentar el intercambio de experiencias e información.

La página de gramática y recursos

La última página recoge los principales objetivos comunicativos y gramaticales de la unidad para que los alumnos los puedan consultar fácilmente en todo momento. Cada aspecto gramatical lleva una referencia a la gramática sistemática del anexo (páginas 174–195), donde se encuentran explicaciones más detalladas.

Símbolos

 Referencia a los ejercicios recomendados del anexo.

 Actividad de movimiento. Invita a los alumnos a levantarse para hablar con varios compañeros.

 Referencia a los enlaces con ejercicios que se encuentan en www.klett-sprachen.de/congusto.

 La carpeta indica que el producto elaborado puede conservarse como ejemplo del trabajo personal en el dossier de su portfolio.

Los miradores

Las unidades 4, 8 y 12 son unidades de repaso para recapitular lo aprendido en las tres unidades anteriores, favorecer la autonomía y la reflexión. Constan de cuatro páginas con los siguientes apartados:

- **Hablamos de cultura:** invita a los alumnos a reflexionar sobre algunos aspectos culturales del mundo hispano y a que los contrasten con su propia cultura.
- **Ahora ya sabemos:** propone una autoevaluación de los contenidos vistos anteriormente acompañada de actividades para que los alumnos pongan sus conocimientos a prueba.
- **Terapia de errores:** sensibiliza a los alumnos sobre los errores más comunes en este nivel y sus posibles causas desde una nueva perspectiva didáctica: el error es parte natural de todo proceso de aprendizaje y refleja los esfuerzos del alumno por formular hipótesis sobre el funcionamiento de la nueva lengua. En este apartado se fomenta el intercambio de experiencias y el trabajo con nuevas estrategias para evitarlos.
- **Zona estratégica:** ayuda a los alumnos a desarrollar su autonomía en el proceso de aprendizaje. En este apartado se repasan estrategias ya vistas en los dos tomos anteriores y se introducen otras nuevas con el fin de ampliar y reforzar las redes de vocabulario. Este trabajo centrado en el léxico es uno de los principales pilares del libro por su importancia a la hora de que los alumnos puedan expresarse de forma eficaz.
- **Un texto literario que da que hablar:** presenta tres textos de autores de referencia del mundo hispano para que los alumnos puedan disfrutar del placer de su lectura y les sirvan como punto de partida para hablar de experiencias personales. Para facilitar la lectura, se proponen primero actividades pensadas para activar los conocimientos previos de los alumnos y preparar el vocabulario. A continuación, se trabajan preguntas relacionadas con el tema principal del texto y por último se ofrecen actividades de práctica oral que fomentan el intercambio de opiniones en el grupo.

El anexo de ejercicios

El anexo de ejercicios (páginas 111–173) es un complemento para el trabajo en clase o para el trabajo individual en casa. Contiene por cada unidad temática:

- unos quince ejercicios de fijación de vocabulario, recursos y gramática, así como de comprensión auditiva y de expresión escrita.
- un apartado de pronunciación y ortografía que tiene en cuenta las dificultades específicas de los alumnos de habla alemana.
- un ejercicio facultativo que introduce el "mundo profesional".
- un cuestionario de autoevaluación en el que el alumno podrá valorar lo aprendido en términos de los descriptores del MCER (*Ya sé…*).

Todos los ejercicios están directamente vinculados a las actividades de la unidad correspondiente. El lápiz señalará los ejercicios sugeridos para cada secuencia, lo cual ayuda a preparar las clases más cómodamente. La selección dependerá de las características del curso: duración, tiempo disponible, nivel del grupo, etc.

Las unidades destinadas a repaso contienen un test basado en el formato del examen **telc Español B1**.

Introducción

Otras partes del manual

Al final del libro se encuentran las siguientes partes:
- Gramática sistemática (págs. 174 – 189).
- Tabla de verbos regulares e irregulares (págs. 190 – 195).
- Transcripción de los textos auditivos que no están impresos en la unidad y los del apartado de ejercicios (págs. 196 – 209).
- Vocabulario por lecciones con su traducción. El vocabulario del Certificado Europeo de Idiomas para español está marcado en negrita (págs. 210 – 222).
- Lista alfabética acumulativa: contiene el vocabulario de los tres tomos con su traducción. (págs. 223 – 247).

La Guía didáctica

Esta guía sigue el orden que dicta el libro del alumno y ofrece sugerencias para el desarrollo de cada actividad en clase.
Objetivos: presentación de los objetivos de la actividad.
Para empezar: propuesta para introducir la actividad y facilitar así la que propone el manual.
Procedimiento: secuenciación y descripción detallada del desarrollo de la actividad.
Solución: solución o propuesta de solución de algunas las actividades del libro del alumno (normalmente de comprensión auditiva).
Para ampliar: propuesta para actividades adicionales.
Alternativa: propuesta para realizar la tarea de manera distinta a la que propone el libro.
Información: información complementaria relacionada con aspectos de cultura o civilización.
Observación: aclaraciones para el profesor.

Al final de esta guía se ofrecen algunas **fichas para fotocopiar** como herramienta o como ampliación de las actividades del manual. (En *congusto online* encontrará más propuestas para actividades adicionales con material fotocopiable).

Consejos prácticos

Cómo trabajar con los textos escritos y auditivos

Desde el principio es importante insistir en que la comprensión de un texto no consiste en entender palabras, sino en extraer información. Las tareas han sido concebidas para guiar al alumno de tal forma que sea capaz de solucionarlas con éxito. En este sentido, es importante hacer notar al alumno que en su propia lengua aplica estrategias diferentes dependiendo del texto que lee o escucha y de la finalidad que persigue: extraer información específica, captar la idea general o una comprensión más detallada. En *Con gusto* se entrenan especialmente la comprensión selectiva y la global, ya que son las más habituales en la vida real.

La guía didáctica da información sobre el modo apropiado de escuchar o leer en cada caso (de forma global, selectiva o detallada) y ofrece propuestas para el trabajo en clase. Aquí apuntamos algunas recomendaciones generales para trabajar los textos:
- Es conveniente seguir las tareas que se proponen ya que están elaboradas con una finalidad concreta.
- Insista en que el éxito reside en ser capaz de realizar las tareas que se proponen y no en entender, retener o reproducir todos los detalles.
- Anime a los alumnos a recurrir a sus conocimientos del mundo y hacer hipótesis sobre el contenido antes de leer o escuchar.
- Pregunte primero por lo que han entendido. Eso no solo da mayor sensación de éxito, sino que ayuda a inferir informaciones. Al leer un texto, muchos alumnos tienden a subrayar las palabras desconocidas para buscarlas en el glosario o preguntar al profesor. Aclareles que eso es una estrategia ineficaz ya que lleva a concentrarse en lo desconocido y a no sacar provecho de las informaciones que sí entienden y que les ayudan a hacer hipótesis sobre los contenidos.
- En su momento, explique solo los aspectos gramaticales que se introducen de forma explícita en los cuadros y no trate otros que, aunque puedan aparecer en un texto, no son objeto de reflexión en esa actividad.
- Para reducir la ansiedad que provoca a algunos alumnos el tener que contestar en el pleno, puede darles la posibilidad de comprobar sus aportaciones en parejas o pequeños grupos antes de que las ofrezcan a toda la clase.
- En el caso de las audiciones, aclare que estas no tienen la función de controlar cuánto han entendido los alumnos, sino que sirven para entrenar la comprensión de la lengua hablada y prepararse para una situación a la que tendrían que enfrentarse si se encontraran en un país hispanohablante.

Introducción

Formar parejas y grupos

Una de las decisiones más importantes que tiene que tomar el profesor es la de establecer los grupos y parejas y elegir el mejor tipo de agrupamiento para cada actividad. Aunque los equipos y las parejas no tienen que cambiar continuamente, ya que se necesita tiempo para que trabajen de forma productiva, conviene ofrecer la oportunidad de que los alumnos trabajen con los demás durante el curso. La formación de grupos se puede hacer de manera que trabajen juntos alumnos con diferentes niveles para que se ayuden entre ellos o simplemente al azar. En este segundo caso, existen muchas técnicas:

- Se pueden usar cartas de una baraja y formar parejas con los alumnos que tengan el mismo color o palo. Puede sustituir las cartas por tarjetas de colores o fichas.
- Se pueden hacer tarjetas como en el *memory* (una con la imagen y otra con la palabra correspondiente), repartirlas entre los alumnos y pedir que busquen a su pareja. Si lo prefiere, también puede hacerlo con estructuras ya conocidas, p. ej. Tarjeta A: *¿Qué te pasa?* Tarjeta B: *Me duele la cabeza.* Tarjeta C: *¿Qué talla tiene?* Tarjeta D: *La 35.*
- Busque una imagen para cada uno de los grupos que quiera formar y recórtela en tantas partes como alumnos haya en cada grupo. Repártalas y pida a las personas que tengan las partes de una misma imagen que formen un grupo. En lugar de imágenes puede hacerlo con frases.
- Coloque varias cartulinas por la clase (tantas como grupos quiera formar) y escriba en cada una de ellas una palabra relacionada con un tema (p. ej. Mallorca, México D.F., Santiago de Chile y Barcelona). Pida a los alumnos que se coloquen junto a la opción que más les interese. Puede hacerlo también con nombres de famosos que quieran conocer, con tipos de música, con actividades del tiempo libre, etc.

El primer día de clase

El principal objetivo para el primer día de clase es que los alumnos se conozcan entre ellos y que se creen las condiciones para trabajar en una atmósfera relajada y en la que todos participen.
También es importante que desde el principio tengan sensación de éxito, es decir, que se vean capaces de resolver tareas adaptadas a su nivel pero que suponen cierta dificultad.

Antes de empezar con las unidades, sería recomendable, sobre todo si sus alumnos no han trabajado con los tomos anteriores de *Con gusto*, que se familiarizaran con la estructura del libro. Puede plantearlo como una pequeña actividad y entregar a los alumnos un minicuestionario con preguntas del tipo: *¿Dónde puedo mirar la traducción de una palabra?* o *¿Dónde encuentro un resumen de la gramática de la lección?* Déjeles tiempo para que contesten y haga después una puesta en común. Teniendo en cuenta que el manual va a ser una de sus principales herramientas de trabajo tanto dentro como fuera de clase, familiarizarse con él y saber dónde buscar la información fomenta la autonomía de los alumnos y los hace menos dependientes del profesor.

Nota del editor

A lo largo de esta guía se ha adoptado la forma masculina en las referencias a colectivos por razones de espacio y legibilidad.

Sigo aprendiendo 1

1 **Y usted, ¿tiene una palabra favorita en español? ¿Cuál es?**

Objetivo
Activar conocimientos previos de forma lúdico-afectiva.

Para empezar
Llame la atención de los alumnos sobre la invitación del Instituto Cervantes para el "Día E" y anímelos a que hagan hipótesis sobre qué puede significar este día. Puede aprovechar también para hacer una lluvia de ideas con palabras que empiecen por la letra *e*.

Procedimiento
- Pida a los alumnos que lean el texto de la invitación y las palabras que han elegido personas famosas de habla hispana. Pregúnteles si las conocen y dé una breve información sobre cada una.
- Anímelos a que escriban en un papel su palabra favorita del español sin que sus compañeros la vean.
- Divida la clase en grupos de tres y explíqueles que van a jugar a adivinar la palabra de cada persona. Para ello, tienen que presentar algunas características de su palabra sin decirla, como se muestra en el ejemplo. Las personas que adivinan solo pueden hacer preguntas a las que se responda con *sí* o *no*.

Alternativa
Los alumnos escriben su palabra en un "post-it". A continuación, el profesor recoge los "post-its", los mezcla bien y pega en la espalda de cada alumno una palabra. Para averiguar su palabra, los alumnos se mueven por la clase y preguntan a sus compañeros, que solo pueden contestar con *sí* o *no*. Esta alternativa está pensada para los alumnos con una inteligencia cinestésica especialmente desarrollada.

Para ampliar
Comente a los alumnos que el Instituto Cervantes muestra en su página web varios vídeos en los que los famosos explican qué palabra han elegido y por qué. Deles algún ejemplo: *La palabra favorita de Antonio Banderas le recuerda a su tierra, Andalucía*. Después, pregunte a los alumnos por qué eligieron esa palabra. Estos recursos pueden ayudarles: *Yo la relaciono con… / A mí me recuerda a… / Me hace pensar en… porque…*

Información
Instituto Cervantes: institución pública fundada en 1991 por el Estado español. Actualmente existen 77 institutos en 41 países de los cinco continentes. Su sede central está en Madrid. El trabajo de la institución lo dirige un patronato del que forman parte importantes representantes de las letras y de la cultura española e iberoamericana, así como representantes de las universidades, la Real Academia y otras instituciones culturales. Expiden los Diplomas de Español como Lengua Extranjera (DELE) y organizan los exámenes para su obtención, además de otras muchas actividades para la difusión del patrimonio cultural de todos los países de habla hispana.

Alicia Alonso (La Habana, 1920): bailarina y coreógrafa cubana. Prima Ballerina Absoluta del Ballet Nacional de Cuba.

Antonio Banderas (Málaga, 1960): actor, cantante, productor y director de cine español. Inició su carrera en los años 80 en España en las películas de Pedro Almodóvar.

Rosario Flores (Madrid, 1963): cantante de pop y actriz española de origen gitano.

Diego Forlán (Montevideo, 1979): futbolista uruguayo que juega como delantero. Ganador del Balón de Oro al mejor jugador de la Copa Mundial de Fútbol de 2010.

Mario Vargas Llosa (Arequipa, 1936): escritor peruano, ganador del Premio Nobel de Literatura en 2010.

1 Sigo aprendiendo

Experiencias de aprendizaje

Objetivos
- Hablar de experiencias de aprendizaje: estilos, habilidades, dificultades y preferencias.
- Hablar de las experiencias en la escuela.
- Repasar las formas del imperfecto para hablar de hábitos y rutinas en el pasado.

2 a. ¿Cuáles de estas palabras asocia con su aprendizaje? ¿En qué momento?

Objetivo
Práctica oral personalizada para repasar y ampliar vocabulario relacionado con el aprendizaje y la escuela.

Procedimiento
- Explique a los alumnos que todas las palabras que tienen a continuación están relacionadas con el tema "experiencias de aprendizaje". Léalas en voz alta y aclare las dudas de vocabulario.
- Pídales que, de forma individual, lean las palabras y piensen en sus propias experiencias como estudiantes según con qué momento o etapa de su aprendizaje lo relacionan (guardería, escuela, instituto, universidad, etc.) y si tienen un recuerdo positivo o negativo. Anímelos a que usen el vocabulario que ya conocen para hablar de gustos y preferencias: *odiar, gustar, encantar, preferir, parecer fácil/difícil, costar,* etc.
- En el pleno, pida a cada persona que comente brevemente algún recuerdo a sus compañeros, como en el modelo.

2 b. Recuerdos de la escuela.

Objetivo
Práctica escrita para preparar la actividad 2c e introducir el vocabulario específico para hablar de la escuela.

Procedimiento
- Explique a los alumnos que van a preparar unas notas a partir de un cuestionario para hablar más tarde sobre los recuerdos de la escuela.
- Deles un tiempo máximo para leer las preguntas y preparar las respuestas. Durante estos minutos, pase por las mesas, observe el trabajo de los alumnos y resuelva sus dudas.

2 c. En parejas. Con ayuda de sus apuntes, cuente a su compañero/-a sus recuerdos de la escuela. Intercambien sus experiencias sobre cada aspecto.

Objetivos
- Práctica oral para hablar de recuerdos de la escuela.
- Repasar el imperfecto para hablar de hábitos y rutinas en el pasado en un contexto significativo.

Para empezar
Llámeles la atención sobre el recuadro del margen derecho en el que se les recuerda el uso del imperfecto para hablar de hábitos y rutinas en el pasado.

Procedimiento
- En parejas, los alumnos comentan uno por uno cada uno de los aspectos con ayuda de sus notas.
- El intercambio se puede hacer por turnos, es decir, cada persona expone sus recuerdos en conjunto a modo de monólogo; o bien los alumnos hablan cada vez sobre un aspecto concreto. Lo importante es que intercambien el máximo de información posible. De esta manera, sobre todo si se trata de un nuevo curso, tendrán la oportunidad de conocerse mejor entre ellos.
- Aproveche la ocasión para recordar que es importante mostrar interés por lo que nos cuenta la otra persona con expresiones del tipo: *¿De verdad? / Yo tengo lo mismo / ¡No me digas! / Pues en mi caso también era así,* etc.

Alternativa
Pida a los alumnos que formen dos círculos: uno interior y otro exterior. Cada persona del círculo interior tiene que quedarse justo enfrente de otra del círculo exterior para que puedan hablar entre ellos. Cuando todas las personas tengan una pareja, dígales que tienen tres minutos para hablar de sus experiencias e intercambiar información sobre cada uno de los aspectos de la lista. Para hacer entonces la actividad 2d, pídales que se muevan hacia la derecha para cambiar su pareja.

2 d. Se cambian las parejas. Cada uno/-a presenta a su nuevo/-a compañero/-a algunas informaciones sobre la persona con la que ha hablado antes.

Objetivo
Práctica oral (monólogo sostenido).

Procedimiento
- Pida a los alumnos que busquen a una nueva pareja. Explíqueles que ahora tienen que resumir a

su compañero lo que les contó la otra persona en la actividad anterior.
- En el pleno se pueden intercambiar impresiones, por ejemplo, sobre los aspectos más interesantes o llamativos.
- Si ha observado que los alumnos cometían con frecuencia algún error gramatical o de léxico, este es el momento para hablar de ello y reflexionar sobre el tipo de errores que se han cometido y sus posibles causas.

3 Escriba un pequeño texto sobre cómo era usted a los 14 o 15 años. Puede incluir informaciones como los amigos, la ropa, el aspecto físico, las aficiones, la música…

Objetivo
Práctica escrita personalizada para describir una etapa de la vida y revisar el uso del imperfecto.

Procedimiento
- Si quiere, y para introducir la actividad de una forma más amena, puede llevar a clase una foto suya de cuando tenía más o menos 14 o 15 años y contar a los alumnos algo sobre su vida en esa época.
- Después, pida a los alumnos que escriban un pequeño texto en el que describan cómo eran a esa edad, incluyendo las informaciones que se piden. Ayúdeles a solucionar las dudas de vocabulario o, si lo cree conveniente, aproveche para reactivar los campos semánticos de la ropa, aspecto físico, etc., antes de hacer el ejercicio. Recuérdeles que <u>no</u> pongan su nombre en el texto.
- Cuando todos los alumnos hayan terminado de escribir, recoja los textos y mézclelos bien. Después, repártalos asegurándose de que nadie recibe el suyo.
- Déjeles tiempo para que lean los textos en silencio. Luego, en el pleno, cada uno dice el nombre de la persona que cree que ha escrito el texto y por qué.

Observación
Esta actividad está pensada para alumnos con inteligencia interpersonal especialmente desarrollada. Con ella este tipo de alumnos tienen la posibilidad de reflexionar sobre sí mismos.

4 a. Dos profesores de español van a contar sus experiencias en el extranjero.

Objetivos
- Práctica oral para hablar de estilos de aprendizaje según la cultura de los alumnos.
- Comprensión lectora global.

Procedimiento
- Explique a los alumnos que van a leer los comentarios de dos profesores de español que viven en el extranjero sobre la forma de aprender y la motivación que tienen en general los estudiantes de español en China y en Alemania.
- Antes de leer el texto haga una lluvia de ideas sobre sobre cómo piensan ellos que son los alumnos alemanes y chinos. Para ayudarlos, escriba en la pizarra los siguientes adjetivos y pregúnteles cuáles creen que podrían caracterizar a alemanes y chinos:

- Complete después la lista con otras ideas que vayan saliendo.
- Después, pídales que lean el texto y que comprueben sus hipótesis.

Alternativa
Proponga a los alumnos que trabajen en pareja. Cada persona lee uno de los textos y después comentan si se han confirmado sus hipótesis o no.

4 b. Apunte las informaciones principales de los textos sobre estos aspectos.

Objetivo
Comprensión lectora detallada.

Procedimiento
- Pida a los alumnos que vuelvan a leer los textos y que completen la tabla con la información necesaria.

1 Sigo aprendiendo

- Haga una puesta en común en el pleno y después pregúnteles si se sienten más o menos identificados con los motivos, el comportamiento y las formas de aprender que se mencionan.

Alternativa
Divida la clase en dos grupos. Cada uno lee un texto y completa la parte correspondiente de la tabla. Con ayuda de esta información, hacen un resumen de su texto de forma oral para el otro grupo.

Observación
La expresión *perder la cara*, que es una traducción literal del chino, hace referencia a la pérdida de la reputación o a dar una imagen que va en contra de lo que socialmente se considera correcto.

4 c. Un buen profesor. Añada otro aspecto y ordene estos aspectos de 1 a 12 según la importancia que tienen para usted. ¿Cuál es el más elegido del grupo?

Objetivo
Práctica oral para hablar de las características que definen a un buen profesor.

Procedimiento
- Pida a los alumnos que lean los aspectos que hay en la tabla y que añadan uno más a la lista.
- Después, propóngales que valoren los aspectos del 1 al 12 (de más a menos importante).
- Escriba la lista de los aspectos en la pizarra añadiendo los nuevos que mencionen los alumnos. Pregunte a cada uno qué aspecto tiene más importancia y por qué. Recoja los resultados en la pizarra para ver cuál es el aspecto más importante para la clase.

Observación
Esta actividad permite al profesor hacerse una idea de las expectativas de sus alumnos y negociar con ellos algunos aspectos de la dinámica de clase, como la corrección de tareas o el tratamiento de los errores.

Alternativa
Pida a los alumnos que coloquen en una pirámide los aspectos de más a menos importantes. Después, en parejas o en grupos de tres, los alumnos comparan sus dibujos. Esta alternativa está pensada para aquellos alumnos con una inteligencia visual-espacial especialmente desarrollada.

4 d. ¿Y un buen alumno? ¿Qué piensa que diría su profesor/a?

Objetivo
Práctica oral y escrita controlada para hablar de las características del buen alumno.

Procedimiento
- Prepare antes de la clase una lista con las características que definen en su opinión al buen estudiante (para este fin puede utilizar también la lista de la ficha 1, pág. 105). Si es posible, haga una transparencia para mostrarla más tarde en el retroproyector.
- Escriba en la pizarra *el alumno ideal* y pida a los alumnos que escriban una lista con las características que lo definen: cómo es y qué hace.
- Después presente su lista y pida a los alumnos que la comparen con la que han hecho ellos y que comenten en qué aspectos coinciden.

Observación
Esta actividad permite ponerse a los alumnos en el papel del profesor y cambiar así de perspectiva. También les ayuda a pensar sobre su propio estilo de aprendizaje y sobre los aspectos que pueden mejorar o no para seguir avanzando, lo que favorece el desarrollo de la inteligencia intrapersonal.

Para ampliar
Anime a los alumnos a realizar las actividades de *congusto online*. Si tiene tiempo, puede proponerles que busquen una escuela donde les gustaría hacer un curso. En la próxima clase, en grupos de cuatro, los alumnos presentan sus propuestas a sus compañeros y entre todos eligen cuál es la mejor opción.

5 a. ¿Con o sin profesor? Hay muchas formas de aprender un idioma.

Objetivo
Práctica escrita para reflexionar sobre las ventajas y desventajas de diferentes formas de aprender idiomas.

Procedimiento
- Explique a los alumnos que van a hablar de las diferentes formas de aprender un idioma. Para preparar esta actividad puede dar a cada uno una copia de la plantilla de la pág. 106 (ficha 2).
- Aclare las posibles dudas de vocabulario (o interpretación) y pídales que escriban las ventajas y desventajas de cada método en el lugar correspondiente.

Alternativa

Escriba en seis hojas diferentes cada una de las formas de aprender idiomas y ponga debajo las palabras *ventajas* y *desventajas*. A continuación, cuelgue las hojas en las paredes de la clase y distribuya a los alumnos en seis grupos. Después, pida a cada grupo que se coloque delante de una de las hojas y que escriba qué ventajas y desventajas tiene ese método. Esta alternativa está pensada para aquellos alumnos con una inteligencia cinestética desarrollada.

5 b. Pongan en común los resultados. ¿Hay una forma favorita del grupo?

Objetivo
Práctica oral.

Procedimiento
- Para facilitar el intercambio de ideas, proponga a los alumnos que formen grupos de cuatro o cinco personas. Entre ellos comentan las ventajas y desventajas de cada método.
- En el pleno, un portavoz de cada grupo presenta cuál es el método favorito de su grupo y por qué.

Alternativa
Si se ha decidido por la alternativa de formar grupos, pida a los alumnos que se muevan por la clase y que lean todas las opiniones sobre cada forma de aprender. Después, todos se vuelven a sentar y, en el pleno, se comenta cuál es la forma favorita del grupo.

6 a. Escuche a tres personas que están haciendo un curso en el centro cultural 'Aprender sin fronteras' de Toledo. ¿Qué están aprendiendo?

Objetivos
Comprensión auditiva global para presentar recursos para hablar de habilidades y dificultades.

Procedimiento
- Pregunte a los alumnos qué tipos de cursos se suelen organizar en un centro cultural o en una universidad popular. Escriba las ideas en la pizarra.
- Presente la situación: tres personas hablan sobre el curso que están haciendo en un centro cultural. En un primer paso, su tarea consiste en averiguar qué aprenden. Escriba esta tabla en la pizarra para completar después con las respuestas.

la señora	→	(italiano)
la chica	→	(salsa)
el chico	→	(dibujar)

- Ponga la audición sin hacer pausas. Si quieren, los alumnos pueden tomar notas durante la audición para justificar más tarde su respuesta.
- Haga después una puesta en común en el pleno.

6 b. Escuche otra vez y marque en el cuadro las expresiones que se mencionan.

Objetivos
- Comprensión auditiva selectiva.
- Presentar recursos para hablar de habilidades y dificultades.

Procedimiento
- Antes de poner de nuevo la audición, pida a los alumnos que lean las expresiones que hay en la tabla y aclare las dudas de vocabulario. Puede preguntarles también si recuerdan cuáles se mencionan en relación con los resultados del ejercicio anterior.
- Ponga la audición y pregunte a los alumnos qué expresiones han marcado en el cuadro.
- Llámeles la atención sobre el recuadro que aparece en el margen, que les recuerda el uso del gerundio para explicar la manera de hacer algo. Insista en que también aparece con expresiones del tipo *ser bueno / malo / un desastre*.

Solución
1. Los idiomas me resultan fáciles. / Puedo entender casi todo. / Me hago un lío con la ortografía.
2. Me da vergüenza bailar en público. / Me cuesta un poco aprender los pasos.
3. Soy bastante bueno dibujando. / Soy capaz de dibujar personas. / Tengo problemas con la perspectiva.

Para ampliar
Para fijar los recursos para hablar de habilidades y dificultades y preparar así mejor la actividad 6d, puede pedirles que utilicen algunas de las frases de la tabla para dar un ejemplo propio.

6 c. El juego de las habilidades.

Objetivo
Práctica lúdica de los recursos para hablar de habilidades y dificultades.

1 Sigo aprendiendo

Procedimiento
- Forme grupos de 3 o 4 personas y entregue a cada una un dado. Pídales que cada persona busque una moneda diferente para usarla como ficha.
- La persona que empieza tira el dado y avanza por el tablero según la puntuación obtenida. Si cae en una casilla verde, tiene que contar a sus compañeros algo que sabe hacer bien; si cae en una casilla amarilla, tiene que explicar algo que le cuesta hacer; si cae en una de las esquinas, tiene que representar con mímica una cosa que le resulta fácil hacer. En el centro del tablero tienen algunas ideas, pero pueden usar las que quieran. Es importante que expliquen algunos detalles, como en los modelos de la audición de la actividad 6a, por ejemplo: *Me hago un lío con los cumpleaños: una vez felicité a mi hermana en vez de a mi madre.*
- Deje tiempo para que los alumnos jueguen en sus grupos. Pase por las mesas y preste atención a lo que dicen, sin intervenir para corregir en esta fase de la actividad. Cuando todos los grupos hayan acabado, puede comentar en el pleno aspectos que quiera corregir o tematizar.

6 d. ¿Y usted en la clase de español?

Objetivo
Práctica oral personalizada.

Procedimiento
Pida a un alumno que mencione algo que se le da bien en la clase de español y un aspecto con el que tenga dificultades. Después, continúa el compañero de la derecha y así sucesivamente hasta que todas las personas hayan comentado sus experiencias.

Entre dos mundos

Objetivos
- Hablar de datos biográficos.
- Repasar los marcadores temporales: *hace, desde hace, desde, desde que* y *hace… que*.
- Repasar las formas y usos del indefinido e imperfecto.
- Repasar y ampliar las perífrasis verbales que indican comienzo, final, repetición, desarrollo y continuidad.

7 a. Mire la foto. ¿Conoce a esta persona? ¿Ha visto la película 'Good bye, Lenin'?

Objetivos
- Comprensión lectora global.
- Introducir algunas perífrasis verbales para hablar de datos biográficos.

Procedimiento
- Dirija la atención de los alumnos hacia la foto del texto y pregúnteles si conocen a esta persona. Algunos probablemente lo recordarán por su papel en la comedia alemana *Good bye, Lenin!* Anímelos a mencionar todos los datos que conozcan sobre él.
- Después, lea en voz alta el título del texto: *Berlinés de Barcelona – Barcelonés de Berlín* y pregúnteles qué creen que quiere decir el autor del artículo con este juego de palabras.
- A continuación, los alumnos leen el texto. Aclare las posibles dudas de vocabulario y anímelos a subrayar una información que no conocían del autor o que les parezca divertida.

7 b. En parejas. Escriban un resumen del texto incluyendo algunas informaciones falsas.

Objetivos
- Comprensión lectora detallada.
- Práctica escrita para resumir la información del texto.

Procedimiento
- Forme parejas y pida a los alumnos que vuelvan a leer el texto y que marquen las informaciones más importantes.
- Después, establezca un tiempo límite para que escriban un pequeño resumen del texto en el que tienen que incluir algunos datos falsos.
- A continuación, cada pareja presenta al resto de la clase su resumen. Los compañeros tienen que escuchar con mucha atención para identificar la información falsa y corregirla.

7 c. Busque en la entrevista con qué perífrasis se ha formulado esta información.

Objetivos
- Comprensión lectora detallada para sensibilizar a los alumnos sobre el significado de las perífrasis verbales.
- Repasar los marcadores temporales *hace, desde hace, desde, desde que* y *hace… que.*

Para empezar

Señale el recuadro que hay en el margen izquierdo para repasar las expresiones temporales que marcan el origen de un acontecimiento. Si lo considera necesario, escriba en la pizarra:

> Llegué hace un año → vor einem Jahr
> Hace un año que trabaja aquí → seit einem Jahr
>
> Desde 1998 (Zeitpunkt) → seit
> Desde hace un año (Zeitraum) → seit
> Desde que vivo aquí → seitdem

Procedimiento
- Pida a los alumnos que se fijen en las frases de la actividad y que busquen en el texto las expresiones con las que se ha formulado esa información.
- Después, hagan una puesta común en el pleno para comprobar las respuestas.

8 a. El nacimiento del libro sobre Barcelona.

Objetivo
Sensibilizar a los alumnos sobre la función y significado de las perífrasis verbales.

Procedimiento
- Lea las frases y explique que hacen referencia a las diferentes etapas por las que ha pasado Daniel Brühl hasta terminar su libro sobre Barcelona que menciona al final de la entrevista de la página 13.
- Pídales que se fijen bien en el significado de cada unas de las frases y que las ordenen cronológicamente según su criterio. Si quiere, puede trazar una línea del tiempo en la pizarra que les ayude a visualizar el proceso. Insista en que hay diferentes opciones para resolver la actividad:

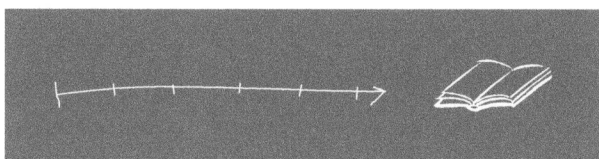

- Anime a un voluntario a que dé su versión. Después, el resto de la clase comenta si ha seguido el mismo orden y presenta las posibles alternativas.

8 b. Observe las frases de arriba. ¿Cómo traduce las expresiones del cuadro?

Objetivo
Sistematizar y fijar las perífrasis verbales.

Procedimiento
- Pida a los alumnos que vuelvan a leer las frases de la actividad anterior e incluso las de la actividad 7c, y que se fijen ahora si observan una diferencia de significado según se formen con infinitivo o gerundio. Pregúnteles cuáles dan una idea de desarrollo ("Verlauf") y cuáles muestran un momento concreto de la acción ("Anfang", "Ende", "Wiederholung").
- Llámeles la atención sobre la explicación que tienen en el margen izquierdo. Es importante que a la hora de traducir tengan en cuenta que, para algunos de los aspectos que expresan las perífrasis en español, tendrán que recurrir a un adverbio en alemán, tal y como se ve en el ejemplo.
- Después, propóngales que traduzcan al alemán las expresiones del cuadro.

8 c. ¿Quién encuentra primero a una persona para cada aspecto?

Objetivo
Práctica oral controlada de las perífrasis verbales.

Procedimiento
- Pida a los alumnos que se pongan de pie para realizar la actividad y explique que tienen que encontrar a una persona para cada uno de los aspectos de la lista.
- La actividad termina cuando uno de los alumnos encuentra a una persona para cada aspecto o pasado un tiempo prudencial.
- Los resultados se comentan en el pleno.

9 Cambios en la vida.

Objetivo
Práctica oral lúdica para hablar de experiencias personales y repasar el indefinido.

Para empezar
Llámeles la atención sobre el recuadro del margen izquierdo en el que se les recuerda el uso del indefinido para hablar de acontecimientos terminados en un momento del pasado. Si quiere, puede aprovechar la ocasión para repasar las formas del indefinido.

1 Sigo aprendiendo

Procedimiento
- Aclare la actividad dando un ejemplo propio: escriba en la pizarra una fecha importante de su vida y anime a los alumnos a que adivinen qué pasó. Solo podrá contestar a sus preguntas con *sí* o *no*.
- Pida a los alumnos que piensen en una fecha importante de su vida. Pueden usar el vocabulario que tienen como ayuda o referirse a cualquier otra situación. En este caso ayúdeles con el vocabulario.
- Pida a una persona que empiece y que diga la fecha que ha elegido. El resto de compañeros intentará adivinar el significado de la fecha haciendo preguntas. Así sucesivamente hasta que todos los alumnos hayan participado.

El mundo aquí al lado

Objetivos
- Hablar de experiencias interculturales.
- Hablar de estereotipos.
- Repasar los adjetivos gentilicios.

10 a. Vivir entre dos mundos como Daniel Brühl no es tan especial.

Objetivos
- Sensibilizar a los alumnos sobre su relación con otras culturas y nacionalidades.
- Repasar los adjetivos gentilicios.

Para empezar
Escriba en la pizarra el nombre de varios países, como China, Argentina, Italia, Inglaterra, Grecia, España y Turquía. Durante dos minutos los alumnos escriben todas las palabras que les sugieren esos países. Después, en grupos de cinco, comparan sus palabras y finalmente se hace una puesta común en el pleno. Aproveche para repasar los adjetivos gentilicios partiendo de la tabla del margen derecho.

Procedimiento
- Pregunte a los alumnos si alguno de ellos también tiene la experiencia de vivir entre dos culturas, como Daniel Brühl: tener un familiar o un amigo de otra nacionalidad, haber crecido en otro país, pasar temporadas en el extranjero…
- A continuación, explíqueles que van a hacer una actividad para ver con cuántos "mundos" tienen contacto en su vida diaria. Para ello tienen que marcar las actividades de la lista que han hecho en el último mes y escribir al lado con qué frecuencia.

10 b. ¿Cuánto 'mundo' hay en su vida?

Objetivo
Práctica oral personalizada controlada.

Procedimiento
- En grupos de tres, los alumnos comparan sus listas y comentan algunas de las actividades que han marcado. La lista es un punto de partida para lograr un intercambio auténtico entre los alumnos. Es importante por tanto que los anime a ampliar la información con detalles personales y a que reaccionen a las informaciones de los compañeros tal y como se muestra en el ejemplo.
- Al final, según el tiempo disponible, puede hacer una puesta en común en el pleno de las informaciones más interesantes de cada grupo.

11 a. Escuche a dos personas que hablan de sus experiencias en otro país y tome notas. ▶▶ 2-3

Objetivo
Comprensión auditiva global.

Procedimiento
- Explique a los alumnos que van a escuchar a dos mujeres que hablan de su experiencia en el extranjero. Su tarea será tomar nota de lo que dicen sobre los aspectos que tienen en la tabla.
- Ponga la audición una vez sin hacer pausa.
- Ponga de nuevo la audición y haga una pausa entre la parte de Pilar y la de Valeria para que puedan completar sus notas.

Solución
Pilar
Motivos para irse: conocer la cultura alemana.
Aspectos biográficos: trabajó como "au-pair", conoció a su marido en el tren, se casó por lo civil en Alemania y por la iglesia en Perú.
Qué le llama la atención: la precisión y el orden con los que se trabaja en Alemania.

Valeria
Motivos para irse: motivos políticos.
Aspectos biográficos: primero vivió en Suiza, se casó y se divorció, trabajó un tiempo en Holanda y ahora vive y trabaja en Málaga.
Qué le llama la atención: sus amigos austríacos siempre preguntan por la altura del lugar donde están; la gente del norte de Europa lleva ropa más deportiva y a veces los hombres usan calcetines aunque lleven sandalias.

11 b. Con ayuda de sus notas, comente las experiencias de Pilar y Valeria.

Objetivo
Práctica oral para resumir el texto y comprobar la compresión de la actividad anterior.

Procedimiento
En el pleno, pida a un voluntario que resuma con las notas que ha tomado la experiencia de Pilar y anime al resto de la clase a dar detalles que esa persona ha olvidado. Proceda de la misma manera con la parte de Valeria.

11 c. Y usted, ¿conoce a extranjeros en su ciudad? ¿Qué sabe de ellos?

Objetivo
Práctica oral personalizada para hablar de experiencias interculturales en el propio país.

Procedimiento
En el pleno, pregunte a los alumnos si conocen a personas extranjeras que viven en su ciudad y anímelos a que cuenten qué relación tienen con ellos, dónde se conocieron, con qué frecuencia los ven, si hay algo que les llama la atención de su cultura, etc.

12 a. ¿Recuerda lo que dice Valeria sobre los austríacos?

Objetivo
Práctica oral libre para hablar de estereotipos y de la imagen de los alemanes en el extranjero.

Procedimiento
- Pregunte a los alumnos si recuerdan lo que comentó Valeria sobre los austríacos *(siempre preguntan por la altura del lugar donde están)*. Pregúnteles si ellos dirían lo mismo y si se trata en su opinión de un estereotipo.
- Llámeles la atención sobre el dibujo del turista y pregúnteles con qué tipo de turista o con qué nacionalidad lo asocian y por qué.
- Después, comenten en el pleno si es fácil reconocer a un turista de su país en el extranjero y pídales que le den ejemplos.
- En el caso de que su grupo necesite algunas ideas para empezar la conversación, podría escribir en la pizarra algunos comentarios que circulan por la red cuando se habla de los alemanes:

> *Cuando viajan, siempre compran una guía y planifican todo al detalle.*
> *En general, siempre hacen lo que dicen y además son muy directos.*
> *Llevan siempre zapatos cómodos y feos.*

12 b. ¿Cuáles son sus experiencias como extranjero/-a en otro país?

Objetivo
Práctica oral libre para hablar de experiencias como extranjero en otros países.

Procedimiento
Pregunte a los alumnos cómo les han tratado cuando han viajado al extranjero: si ha sido en general una experiencia positiva o negativa. Anímelos a dar ejemplos y a contar alguna anécdota.

Alternativa
Para guiar un poco más la conversación y permitir a los alumnos que se preparen, entrégueles una copia de la ficha 3 (pág. 107). Aquí pueden tomar notas de sus experiencias como extranjeros en otro país. Después en el pleno, anime a los alumnos a hablar de los aspectos de la ficha y hacer un balance de sus experiencias.

Tarea final. El perfil del curso

Recuerde a los alumnos la función de la tarea final: usar lo que han visto en la unidad en una situación de comunicación real. Se realiza siempre en cooperación, ya sea en parejas o en grupos. En cada unidad tendrán que resolver un problema, negociar, ponerse de acuerdo entre ellos o intercambiar información para crear un "producto", normalmente un texto, que podrán guardar en la carpeta de su portfolio como prueba del progreso en su aprendizaje. Insista también en que lo más importante de la tarea final son los procesos, es decir, todos los pasos que se dan desde que empieza la actividad hasta que llegan al producto.

Dedique el tiempo necesario a aclarar las instrucciones. En la fase de preparación usted estará al lado de los alumnos como "facilitador", resolviendo dudas, animándolos y ayudándolos en lo que necesiten.

1 Sigo aprendiendo

> **Objetivo**
> Práctica oral y escrita de los contenidos y recursos de la unidad en un contexto personalizado auténtico.

Procedimiento
- Dirija la atención de los alumnos hacia el perfil de un curso de español que tienen a la derecha. Pregúnteles si creen que su curso tiene mucho o poco en común con la descripción que han leído.
- Comente que van a hacer el perfil de su curso para una futura compañera de curso, tomando como modelo el que acaban de ver, y que para ello necesitan "investigar" un poco.
- Primero, divida la clase en tres grupos y pídales que comenten los aspectos que se mencionan en la lista. El intercambio se puede hacer por turnos, es decir, cada persona presenta su perfil a modo de monólogo; o bien, los alumnos hablan cada vez sobre un aspecto concreto. Conviene que tomen notas para preparar su presentación o que una sola persona se ocupe de esta tarea.
- Después, cada grupo elige a un portavoz que presenta al resto de la clase los aspectos que han comentado. Mientras, el resto de la clase toma notas de lo que dicen sus compañeros para completar las suyas propias.
- Al final, cada grupo escribe un texto que resume todas las informaciones.
- Cuando los textos estén listos, proponga a los grupos que los intercambien entre ellos. Deberán valorar si el texto tiene toda la información que se ha mencionado y corregir los posibles errores que vean. Pase por las mesas y haga una última corrección de los textos.
- Recuérdeles la importancia de guardar todos los escritos en su portfolio.

Amor imposible

Amor imposible es el título de la radionovela que los alumnos van a poder seguir a lo largo de todo el libro. Con cada capítulo, además de escuchar una historia de amor, los alumnos podrán leer la otra historia: la del equipo de radio que crea la radionovela con sus problemas de cada día. Además, podrán hacer de asistente de la directora con pequeñas tareas pensadas para pasar un rato agradable y practicar de forma amena sus dotes de "escritores".

> **Objetivo**
> Comprensión auditiva global y práctica escrita.

Capítulo 1: La nueva asistente ▶▶ 4

Procedimiento
- Pregunte a los alumnos si han escuchado alguna vez una radionovela y propóngales que hagan una lluvia de ideas con la temática de este tipo de programas: *amor, celos, envidia, pasión, amores imposibles, problemas de familia*…
- Explíqueles que en cada unidad van a tener la oportunidad de escuchar dos historias: un capítulo de la radionovela *Amor imposible* y uno con las experiencias del equipo de radio que la está creando, en la que ellos tendrán también un papel: acaban de conseguir el puesto de asistente de la directora, Maite, y tendrán que ayudarla a resolver pequeñas tareas.
- Pida a un voluntario que lea el texto para conocer un poco la emisora donde van a trabajar y la tarea que deberán realizar como asistentes: corregir un texto para anunciar la telenovela. Resuelva las dudas de vocabulario y ponga la audición una vez.
- Haga una puesta en común para compartir la información que han entendido, cuál es la impresión que tienen de los personajes y qué tipo de historia creen que puede ser.
- Dirija la atención de los alumnos hacia el texto del anuncio en el que tienen que marcar la información correcta. Déjeles tiempo para que lo lean una vez y ponga de nuevo la audición. Los resultados se comprueban en el pleno.

Con sabor

En los tomos anteriores de *Con gusto*, los alumnos tuvieron la posibilidad de hacer un viaje por la ruta panamericana y descubrir las fiestas más populares de España y Latinoamérica. En *Con gusto B1*, harán un "viaje" cargado de sabor para conocer mejor algunos de los productos más importantes del mundo hispano.

> **Objetivo**
> Comprensión lectora y práctica oral sobre un producto típico del mundo hispano: el café.

Procedimiento
- Pida a los alumnos que antes de la lectura presten atención a las fotos. Pregúnteles si se imaginaban la planta del café así y si saben lo que significa la expresión *un cortado*.
- Escriba en la pizarra la palabra *café* y anime a los alumnos a mencionar todas las palabras que asocien con este producto.
- Después, pida a los alumnos que lean el texto y que marquen todas las informaciones relacionadas con el café que no conocían y que les llamen la atención.
- Forme parejas y explique a los alumnos que van a hacer una entrevista a su compañero para comprobar si es una persona muy cafetera o no. Para ello, cada persona hace las preguntas que hay en el texto a su compañero y toma nota de las respuestas.
- Al final, en el pleno, los alumnos presentan "el perfil cafetero" de su compañero.

2 ¡Buen viaje!

1 a. ¿Qué viaje le interesa más? ¿Por qué?

Objetivo
Activar el vocabulario relacionado con los viajes.

Para empezar
Señale las fotos de los anuncios y pida a los alumnos que lo asocien a un tipo de turismo. Después, en el pleno, propóngales que completen este mapa asociativo con todos los tipos de turismo que conocen:

Procedimiento
- Pida a los alumnos que lean los anuncios y que elijan el que más les interesa.
- Forme tres grupos y déjeles tiempo para que comenten qué opción han elegido y por qué.
- A continuación, asigne a cada grupo uno de los anuncios y pídales que hagan una lista de las ventajas y desventajas de ese tipo de viaje.
- Pasado un tiempo, haga una puesta en común en el pleno. Para ello, pida a un portavoz del grupo que presente su lista de ventajas y desventajas. El resto puede opinar si están de acuerdo o no.

1 b. Usted ya conoce muchas palabras relacionadas con viajes.

Objetivo
Práctica lúdica para repasar y ampliar vocabulario relacionado con los viajes.

Procedimiento
- Explique a los alumnos que van hacer un juego para comprobar cuántas palabras recuerdan sobre el tema "viajes". La tarea consiste en escribir durante tres minutos el máximo número de palabras debajo de la correspondiente categoría.
- Después de los tres minutos, pregunte a cada alumno cuántas palabras ha escrito. La persona que más palabras tenga, las lee en voz alta. Si es posible, tenga prevista una pequeña recompensa.
- Escriba en la pizarra todas las palabras que lee la persona que ha ganado y anime al resto de la clase a completar la lista con las que no se han mencionado.

La ruta Quetzal

Objetivos
- Dar consejos y recomendaciones.
- Repasar las formas y el uso del imperativo afirmativo y negativo
- Expresar necesidad.

2 a. Lea el texto sobre la Ruta Quetzal. ¿Cuál es el objetivo de este viaje? ¿Quién participa? ¿Por qué? ¿Le parece una buena iniciativa?

Objetivo
Comprensión lectora global para ampliar vocabulario relacionado con los viajes.

Procedimiento
- Pida a los alumnos que se fijen bien en las imágenes y que con ayuda de los pies de foto hagan hipótesis sobre la Ruta Quetzal.
- Después, de forma individual, los alumnos leen el artículo y marcan en el texto las respuestas a las preguntas del enunciado: *¿Cuál es el objetivo de este viaje? / ¿Quién participa? / ¿Por qué?*
- Haga una puesta en común en el pleno para comprobar los resultados y luego pregunte a los alumnos cómo valoran esta iniciativa mencionando los aspectos de este programa que les parecen

especialmente positivos. Pregúnteles también si conocen actividades parecidas en su país.

2 b. ¿Qué le parece más importante llevar en un viaje así?

Objetivos
- Repasar y ampliar el vocabulario relacionado con los objetos que se llevan en el equipaje.
- Preparar la lectura del texto *Consejos para el rutero*.

Procedimiento
- Pida a los alumnos que lean primero la lista de objetos que se suelen llevar a un viaje y aclare las posibles dudas de vocabulario.
- A continuación, propóngales que marquen los objetos que se llevarían a un viaje como el de la Ruta Quetzal.
- Después, en cadena, cada alumno comenta uno de los objetos que llevaría y otro que no como en el modelo. Insista en que justifiquen su respuesta.

Alternativa
Los alumnos se imaginan que están preparando un viaje de características similares a las de la Ruta Quetzal. De la lista que tienen, solamente pueden elegir ocho objetos y dejar cuatro. En parejas o grupos de tres, los alumnos tienen que decidir lo que toman y lo que dejan. Al final, en el pleno, cada grupo presenta su lista y explica su decisión.

3 a. Lea los consejos de la página siguiente y compare con su elección.

Objetivo
Comprensión lectora global para ampliar vocabulario y repasar los recursos para dar consejos en un contexto significativo.

Procedimiento
- Pida a los alumnos que lean los consejos de la página 21 para los jóvenes que participan en la Ruta Quetzal y que escriban al lado si se refieren a *ropa*, *salud*, *alimentación* o *comportamiento*. Resuelva las dudas de vocabulario.
- Después, propóngales que comparen estos consejos con los que marcaron en la actividad anterior. Pregúnteles si coinciden con su elección y si alguno les ha sorprendido.

3 b. ¿Qué se recomienda llevar según el texto? Complete el mapa asociativo en su cuaderno. Puede añadir otras palabras.

Objetivo
Fijar vocabulario mediante el uso de un mapa asociativo.

Procedimiento
- Pida a los alumnos que busquen en el texto todas las palabras relacionadas con consejos para viajes y que completen con ellas en sus cuadernos el mapa asociativo que tienen en el margen izquierdo. También pueden incluir otras palabras que conocen.
- En el pleno, vaya escribiendo las palabras que mencionan los alumnos.

Para ampliar
Para repasar en otro momento este vocabulario puede organizar un juego indicado para las personas con una inteligencia visual especialmente desarrollada. Lleve fotos de los objetos que se incluyeron en el mapa asociativo. Divida la clase en grupos. Todos van a tomar parte en una expedición y el patrocinador regala el equipo. El problema es que no hay suficientes objetos para todos y los tienen que sortear. Muestre una foto y pregunte qué es. El equipo que acierta se lleva ese objeto. Siga así con el resto de fotos. Gana el equipo que más objetos ha conseguido.

3 c. ¿Cuáles de estos consejos tiene usted en cuenta cuando hace un viaje?

Objetivos
- Comprensión lectora selectiva.
- Práctica escrita y oral personalizada para fijar vocabulario.

Procedimiento
- Pida a los alumnos que marquen en el texto cuáles de esos consejos suelen tener en cuenta en sus viajes habituales y que después los completen con una lista de las otras cosas que hacen o que llevan siempre con ellos. Ayúdeles con el vocabulario si lo necesitan.
- Después, en grupos de tres personas, los alumnos comparan sus listas y comentan las diferencias o similitudes.

3 d. En el texto aparecen diferentes formas para dar consejos.

Objetivos
- Sistematizar y repasar los recursos para dar consejos.

2 ¡Buen viaje!

- Repasar las formas del imperativo afirmativo y negativo.

Procedimiento
- Pida a los alumnos que vuelvan a leer el texto *Consejos para el rutero* y que marquen todas las expresiones que se usan para dar consejos.
- A continuación, propóngales que completen la tabla y que añadan otros ejemplos. Dirija su atención hacia el margen derecho para repasar las formas del imperativo afirmativo y negativo.

Observación
Esta actividad es un paso previo para la introducción de las formas del subjuntivo que se verán en la próxima secuencia. La idea es que los alumnos tengan la posibilidad de repasar de nuevo estructuras comunicativas y formas verbales que ya conocen para a partir de ellas aprender las nuevas.

4 Una visita. Imagine que un amigo hispanohablante viene de visita.

Objetivo
Práctica oral para fijar los recursos para dar consejos.

Procedimiento
- Si es posible, lleve una foto de cada uno de los lugares que se dan como alternativa: los Alpes en invierno, el Mar del Norte en verano, Viena en primavera y la Selva Negra en otoño. En internet encontrará mucho material gráfico que podrá imprimir para la clase.
- Presente los diferentes destinos y forme cuatro grupos. Cada grupo elige uno de los lugares procurando que los compañeros de los otros grupos no escuchen la opción que eligen.
- Déjeles tiempo para que piensen en tres consejos que podrían darle a un amigo hispanohablante que viene de visita y quiere ir a ese lugar. Insista en que usen diferentes recursos. Los consejos no deben ser muy evidentes para que el otro equipo no adivine enseguida de qué viaje se trata.
- Empieza uno de los grupos. Por turnos, cada persona del grupo lee una frase y los otros grupos intentan adivinar de qué viaje se trata. Si no lo han adivinado, otra persona lee el siguiente consejo. Así hasta que se acierte. Después el turno pasa al grupo que ha adivinado el viaje y se procede de la misma manera. El juego termina cuando todos los grupos han presentado su propuesta.

Para ampliar
Proponga a los alumnos que vayan a la página de *congusto online* y que realicen la actividad propuesta.

Es importante que...

Objetivos
- Presentar las formas y algunos usos del presente del subjuntivo.
- Presentar el contraste entre el uso del infinitivo o subjuntivo en las frases subordinadas.
- Repasar y ampliar recursos para expresar gustos y preferencias, deseos y necesidad.

5 b. Teresa quiere hacer la Ruta Quetzal.

Objetivos
- Preparar la audición de la actividad 5b.
- Presentar en un contexto significativo los recursos para expresar gustos y preferencias y las formas del presente de subjuntivo.

Procedimiento
- Explique a los estudiantes que van a leer algunas frases de la conversación entre Teresa, una chica que ha sido elegida para hacer la Ruta Quetzal, y su madre.
- Pídales que lean las frases y que escriban al lado una 'M' si creen que la frase la dice la madre o una 'H' si es la hija.
- De momento, no corrija, ya que los alumnos comprobarán las respuestas con la audición en la actividad siguiente.

Observación
Al tratarse de una situación bastante prototípica, los alumnos pueden activar sus esquemas mentales e imaginarse con facilidad un diálogo de estas características. Lo fundamental al presentar de esta forma los nuevos recursos gramaticales es que los alumnos se concentren primero en el significado para pasar después a la forma.

5 b. Escuche ahora el diálogo y compruebe sus respuestas. ▶▶ 5

Objetivo
Comprensión auditiva selectiva.

Procedimiento
- Ponga la audición y pida a los alumnos que comprueben sus respuestas. Si es necesario, los alumnos pueden escuchar el diálogo una vez más.
- Haga una puesta en común en el pleno para comprobar los resultados.

Solución

Teresa: No tengo ganas de que me controléis todo el tiempo. / No me apetece dormir en una habitación con mucha gente. / Necesito que me compres algunas cosas para el viaje.
Madre: No me gusta que estés tanto tiempo fuera de casa. / Espero que me llames todos los días. / Te pido que nos escribas una vez a la semana. / No quiero que duermas sola. / Prefiero que duermas con otras chicas. / Quiero que disfrutes mucho de esta experiencia.

5 c. En las frases aparece una nueva forma verbal: el presente de subjuntivo.

Objetivos
- Presentar las formas del presente de subjuntivo de los verbos regulares e irregulares.
- Repasar de las formas del imperativo negativo.

Procedimiento
- Pida a los alumnos que marquen en las frases todas las nuevas formas verbales. Es importante que se fijen en las terminaciones y escriban al lado el infinitivo correspondiente para que en el paso siguiente puedan establecer la comparación con las formas del imperativo negativo.
- Pregúnteles si esas terminaciones se parecen a otras que ya hayan visto. Seguramente los alumnos reconocerán que son las mismas que las del imperativo negativo, que han repasado en la actividad 3d.
- Dirija su atención hacia el cuadro del imperativo negativo en el margen izquierdo y pregúnteles cuál es la vocal "típica" de cada grupo, lo que les ayudará a formar las formas del subjuntivo que vienen a continuación.

5 d. Complete el cuadro con las formas del subjuntivo y las expresiones con las que se usa.

Objetivo
Fijar las formas verbales del presente de subjuntivo y sensibilizar a los alumnos sobre algunos de sus usos: expresión de gustos, deseos y necesidad.

Procedimiento
- Pida a los alumnos que busquen en las frases de la actividad 5a las formas del subjuntivo y las expresiones con las que se usa para completar el cuadro.
- A continuación, haga una puesta en común en el pleno para comprobar.

Observación
De momento, no es necesario que explique la diferencia de uso entre el infinitivo y el subjuntivo en las frases subordinadas, ya que se hará más adelante.

6 a. En parejas. Elija tres actividades y escriba peticiones como en el modelo.

Objetivo
Práctica escrita y oral controlada de las formas del subjuntivo.

Procedimiento
- Proponga a los alumnos que elijan tres actividades de la lista y que escriban tres peticiones siguiendo el modelo que se da en el libro. Durante este paso, preste atención a la forma y corrija si es necesario.
- Después, en parejas, cada alumno pide a su compañero que haga las actividades, o al menos una de ellas, y después al revés. También pueden hacerlo de forma alternativa.

Observación
Las actividades como esta que implican movimiento están especialmente pensadas para aquellos alumnos con una inteligencia cinestésica más desarrollada. Es importante que, aunque le lleve más tiempo para realizar la actividad, favorezca el que los alumnos se puedan mover en la clase.

6 b. Haga una encuesta en la clase. ¿Quién de sus compañeros/-as quiere…

Objetivo
Práctica oral controlada de las formas del subjuntivo.

Procedimiento
- Pida a los alumnos que se pongan de pie. Su tarea consiste en hacer una encuesta a sus compañeros sobre algunos aspectos de la clase. Escriba un ejemplo de pregunta en la pizarra para aclarar la dinámica:

> *¿Quieres que la clase empiece más tarde?*

- Acuerden un tiempo, por ejemplo, cinco minutos, para que los alumnos entrevisten al mayor número de personas posible.
- Pasado un tiempo, haga una señal para que los alumnos vuelvan a su sitio. Mientras tanto, y si no tiene las preguntas de la encuesta en una transparencia, aproveche para escribirlas en la pizarra.

2 ¡Buen viaje!

- Por turnos, pregunte a los alumnos por los resultados de su encuesta y apúntelos en la pizarra.

Observación
Dedique el tiempo suficiente a esta actividad, no solo porque favorece el desarrollo de la inteligencia intrapersonal, sino también porque de esta forma obtendrá una información muy útil sobre los gustos y preferencias de los alumnos para la clase.

7 a. Marque su opción en el cuestionario o añada su respuesta personal.

Objetivos
- Comprensión lectora para introducir el contraste entre infinitivo y subjuntivo en frases subordinadas en un contexto significativo.
- Práctica oral personalizada para hablar sobre preferencias de viaje a partir de un cuestionario.

Procedimiento
- Pregunte a los alumnos qué tipo de turista creen que son: un viajero cómodo o todo un aventurero.
- Explique a los alumnos que van a contestar un cuestionario sobre sus preferencias para viajar y que pueden añadir su respuesta personal si no se sienten identificados con ninguna de las opciones que se les da. Ayúdelos en ese caso con el vocabulario.
- Después, en grupos de tres, los alumnos comparan los resultados entre ellos. Anímelos a explicar su elección en cada caso.
- Por último, haga una puesta en común en el pleno y pregunte a cada grupo quién de los tres es más aventurero y por qué.

7 b. Busque estas expresiones en el cuestionario y escriba la segunda parte de la frase.

Objetivo
Sensibilizar a los alumnos sobre el contraste entre infinitivo y subjuntivo en frases subordinadas.

Procedimiento
- Pida a los alumnos que vuelvan al cuestionario de la actividad anterior y que busquen la segunda parte de las frases. Con este primer paso se pretende que los alumnos "retomen" las estructuras que ya conocen de la secuencia anterior para que puedan deducir por sí mismos la regla de uso en la siguiente actividad.
- Por turnos, varios voluntarios leen en voz alta sus frases.

7 c. ¿Cuándo se usa el infinitivo y cuándo el subjuntivo?

Objetivo
Reflexionar sobre la regla de uso del infinitivo y el subjuntivo en frases subordinadas.

Procedimiento
Pida a los alumnos que lean las frases anteriores y pídales que deduzcan la regla del uso del infinitivo o subjuntivo con esas expresiones y completen la tabla y la regla del margen.

8 En parejas. ¿Cómo le gusta viajar? Complete las frases con sus ideas.

Objetivo
Práctica oral y escrita personalizada para fijar el uso del infinitivo y subjuntivo en frases subordinadas.

Procedimiento
- Proponga a los alumnos que piensen en cómo les gusta organizar sus viajes y que completen las frases en su cuaderno según sus gustos. En este paso, conviene que revise con los alumnos sus frases para que corrijan por sí mismos los errores.
- Forme parejas y anímelos a que comparen sus preferencias a la hora de viajar.
- En el pleno, cada pareja explica al resto de la clases si se pueden imaginar hacer un viaje juntos y por qué.

Problemas y soluciones

Objetivos
- Repasar y ampliar vocabulario para hablar de problemas que pueden aparecer durante un viaje y sus posibles soluciones.
- Presentar recursos para ofrecer ayuda y tranquilizar.
- Repasar y ampliar recursos para reclamar o quejarse y reaccionar en estas situaciones.

9 En un viaje pueden aparecer problemas.

Objetivo
Práctica oral para repasar y ampliar vocabulario sobre problemas durante un viaje.

Procedimiento
- Pida a los alumnos que lean la lista de posibles problemas de un viaje y que marquen los que han

tenido o, si no, que piensen en uno. Aproveche este paso para resolver las dudas de vocabulario.
- Anímelos a que expliquen brevemente en el pleno un problema que hayan tenido ellos dando algunos detalles: dónde estaban, con quién, cómo se solucionó el problema, etc.

10 a. ¡Vaya vacaciones! 6–8

Objetivo
Comprensión auditiva global para presentar recursos para ofrecer ayuda y tranquilizar.

Procedimiento
- Para empezar, puede preparar a sus alumnos para la audición pidiéndoles que hagan hipótesis sobre los problemas de las personas en cada situación.
- Después, ponga la audición y pida a los alumnos que relacionen cada uno de los diálogos con los dibujos poniendo el número en la casilla correspondiente. En esta primera audición es preferible que se escuchen los diálogos seguidos.
- Haga una puesta en común en el pleno para comprobar los resultados.

Solución
Dibujo 1: diálogo 3 / Dibujo 2: diálogo 1 / Dibujo 3: diálogo 2

10 b. ¿Qué ha ocurrido? Marque las frases que resumen las situaciones.

Objetivo
Comprensión auditiva global.

Procedimiento
- Pida a los alumnos que lean las frases y vuelva a poner la audición. Haga una breve pausa entre ellos para que los alumnos puedan marcar las frases que resumen lo que ha pasado en cada una de las situaciones.
- Anime a un voluntario que diga qué frase ha seleccionado para resumir la primera situación. Haga lo mismo para las otras dos situaciones.

Solución
1: Le ha picado una medusa. / 2: Le han robado el bolso. / 3: Se ha cancelado el vuelo.

10 c. En parejas. ¿Qué les diría?

Objetivo
Práctica oral controlada para practicar recursos para ofrecer ayuda y tranquilizar.

Procedimiento
- Pregunte a los alumnos qué solución les han dado a las personas en cada situación. Si no lo recuerdan, pueden comprobarlo en la página 197. Aproveche también para que se fijen en las expresiones que usan para tranquilizar a la persona que tiene el problema. Para ello dirija la atención de los alumnos hacia la tabla con los recursos para ofrecer ayuda y tranquilizar.
- Pida a los alumnos que elijan tres problemas de la lista de la actividad 10b. Su compañero dará como solución una de las posibilidades de la lista y ellos tendrán que reaccionar a la propuesta, tal y como se ve en el modelo. Después, al revés.

11 a. Reclamar y protestar.

Objetivo
Presentar recursos para quejarse, reaccionar / relativizar y proponer una solución.

Procedimiento
- En parejas, los alumnos leen los cuatro diálogos y hacen hipótesis sobre el problema que tienen las personas, la relación que hay entre ellos y el lugar en el que están. Escriba en la pizarra esta tabla para apuntar en ella los resultados:

	personas	lugar	situación
1.	viajeros	aeropuerto, estación de tren	El vuelo/tren se retrasa.
2.	viajeros	aeropuerto: zona de recogida de maletas	Las maletas no aparecen.
3.	pareja / matrimonio	aeropuerto	No encuentran los billetes.
4.	clientes	recepción de un hotel	Se quejan de la habitación.

- En el pleno, invite a diferentes parejas a que expliquen su versión de lo que ocurre en cada caso.

11 b. Busque las expresiones para quejarse y complete la tabla.

Objetivo
Fijar los recursos para quejarse, reaccionar / relativizar y proponer una solución.

2 ¡Buen viaje!

Procedimiento
- Pida a los alumnos que primero subrayen en los diálogos de la actividad anterior las expresiones que se usan para quejarse y que después completen con ellas la tabla. Dirija su atención hacia los recursos para reaccionar o relativizar un problema y proponer una solución y propóngales que añadan una frase más.
- Llámeles la atención sobre los recursos para presentar un problema. Recuérdeles que en la cultura de los países hispanohablantes normalmente los problemas no se plantean de un modo directo, algo que se intenta siempre evitar para no resultar demasiado bruscos.

11 c. Escuche el blues del viajero. ¿Qué problemas encuentra? ▶️ 9

Objetivo
Comprensión auditiva global para fijar y ampliar de una forma lúdica el vocabulario sobre problemas de viaje.

Procedimiento
- Pregunte a los alumnos qué asocian con la música blues: sentimientos que provoca, temática, etc.
- Explíqueles que van a escuchar una canción con el título *El blues del viajero*, que habla de problemas que se encuentra una persona durante su viaje. Para guiar la audición escriba esta tabla en la pizarra con los posibles problemas de las cuatro primeras estrofas:

1ª estrofa	a) Le han robado dinero.
	b) Ha escogido mal el destino.
2ª estrofa	a) El avión no ha salido.
	b) El billete es muy caro.
3ª estrofa	a) Está enfermo.
	b) En el hotel no funciona nada.
4ª estrofa	a) Lleva ropa adecuada.
	b) El tiempo es horrible.

- Ponga la canción y pida a los alumnos que marquen en un primer paso el problema general del viajero en cada estrofa.
- Ponga la canción una segunda vez y pídales que tomen notas sobre los detalles de los problemas.
- Deje unos minutos para que los alumnos comparen en parejas sus notas y haga una puesta en común en el pleno. También puede preguntarles a qué lugar creen que ha ido esta persona basándose en los problemas que tiene y lo que describe.

Solución
1. Hay overbooking y no puede tomar el avión. 2. En el hotel no funcionan la ducha, la tele, la puerta, el grifo ni la calefacción. 3. Nieva, hay un huracán y solo tiene unas sandalias para estar en un glaciar. 4. Tiene una insolación.

Para ampliar
Entregue a los alumnos la ficha 4 (pág. 108) para que creen una nueva versión de la canción y repasen y amplíen vocabulario. En grupos de tres, los alumnos completan con otras palabras los huecos que hay en el texto. Después, anímelos a que presenten la letra de su canción al resto de la clase.

Observación
Esta actividad está pensada para los alumnos con una inteligencia musical especialmente desarrollada. El uso de la música y la rima les puede ayudar a memorizar mejor el vocabulario nuevo.

11 d. En parejas. Cada uno elige un problema y se queja ante la persona responsable (=su compañero/-a). Siga el guion de la derecha.

Objetivo
Práctica oral controlada: representar un diálogo.

Procedimiento
- Comente a los alumnos que van a prepararse para representar una situación de queja. Lea las situaciones y aclare las dudas de vocabulario.
- Dirija su atención hacia el recuadro verde y explíqueles que es el guion que tienen que seguir durante su intervención.
- Déjeles unos minutos para que elijan uno de los problemas de la lista y piensen en lo que quieren decir (o tomen notas) y en cómo van a reaccionar a lo que diga su compañero.
- Por turnos, un alumno representa el papel de la persona con un problema (A) y el otro el de la persona responsable (B). Después, al revés.
- Anime a varios voluntarios a que representen su diálogo para el resto de la clase. Recuérdeles que es importante que presten atención a la entonación para expresar estados de ánimo y la intención con la que dicen las cosas (tranquilizar, ser amable, mostrar comprensión, etc.).

12 Carta de un viajero frustrado.

Objetivo
Práctica escrita de una carta de reclamación formal.

Procedimiento
- Pregunte a los alumnos si con motivo de un viaje han escrito una carta de queja, cuál fue el motivo y cómo reaccionó la empresa.
- Pídales que se imaginen que están en un viaje organizado de una semana, pero que hay algunos aspectos con los que no están contentos. Por esa razón, van a escribir una carta a la agencia para quejarse. Pueden mencionar uno o varios de los aspectos de la lista o añadir otros.
- Haga con los alumnos un repaso de las características formales de este tipo de cartas: cómo organizar la información, el tono (formal o informal), las fórmulas de saludo y despedida adecuadas, etc. En el resumen de la página 28 pueden repasar los recursos para presentar un problema y quejarse y reclamar.
- Antes de que los alumnos le entreguen los textos para corregir, propóngales que, en parejas, intercambien los textos y que "revisen" la carta de sus compañeros.
- Recuérdeles que guarden sus textos en su portfolio.

Para ampliar
Reparta las cartas asegurándose de que nadie recibe su propio texto. La tarea consiste en dar respuesta a la queja del cliente en nombre de la agencia.

Tarea final. Un viaje inolvidable.

Objetivo
Práctica oral y escrita de los contenidos y recursos de la unidad en un contexto personalizado auténtico.

Procedimiento
- Prepare tres juegos de tarjetas con las opciones: viaje activo, viaje cultural a una ciudad y viaje de placer o de descanso. Es importante que en total haya tantas tarjetas como alumnos en clase.
- Explique a los alumnos que tienen que preparar un anuncio de una oferta de vacaciones en su país.
- Ponga en una mesa las tarjetas e invite a los alumnos a que tomen la que tenga el tipo de viaje que más les gustaría ofrecer. Las personas que tengan el mismo tipo de viaje forman un grupo.
- Dé a cada persona una fotocopia de la ficha 5 (pág. 109). Entre todos tendrán que planificar el viaje y pensar en todos los detalles que aparecen en la ficha informativa.
- Cuando ya tengan los detalles decididos, escriben en la ficha un anuncio y buscan una foto adecuada (o proponen una), tomando como modelo los de la página 19.
- A continuación, cada grupo presenta su anuncio. Cada persona elige un viaje según el anuncio que le interese más haciendo preguntas sobre el viaje al grupo experto, que contesta con la información de la ficha que han elaborado.
- En el pleno, cada alumno explica qué viaje haría y por qué.
- Recuérdeles la importancia de guardar los anuncios en su portfolio.

Amor imposible

Objetivos
Comprensión lectora y auditiva y práctica oral y escrita.

Capítulo 2: Un encuentro ▶▶ 10

Procedimiento
- Pida a los alumnos que lean el texto del capítulo 2 y que después le expliquen las tareas que "su nueva jefa" les ha pedido que hagan.
- Ponga la audición una vez y deje tiempo a los alumnos para que tomen notas para el resumen del capítulo. Si es necesario, ponga la audición una vez más.
- En el pleno, pregunte a los alumnos a qué tipo de problemas se refiere Marta y cómo creen que va a continuar la historia. Escriba todas las hipótesis en la pizarra. Entre todos los alumnos, se elige la que les parezca más probable. Cuando la historia avance, podrán comprobar si su hipótesis era correcta o no.
- Recuérdeles que escriban el resumen del capítulo.

Con sabor

Objetivo
Comprensión lectora global y práctica oral sobre un producto típico del mundo hispano: la naranja.

2 ¡Buen viaje!

Procedimiento

- Proponga a los alumnos que hagan una lluvia de ideas a partir de la palabra *naranja*. Probablemente mencionarán platos que se realizan con esta fruta, alguna de sus propiedades, lugares de donde son típicos, etc.
- Pida a los alumnos que abran el libro por la página 27 y señale la figura de Naranjito, la mascota de los Mundiales de Fútbol de 1982. Pregúnteles si recuerdan esta mascota y por qué creen que se eligió para este evento.
- Después los alumnos leen el primer párrafo del texto y comprueban sus hipótesis.
- Proponga a los alumnos que lean el resto del texto y que marquen al menos tres informaciones que no sabían o que les parecen curiosas.
- Después, en grupos de cuatro personas, comentan las preguntas que hay al final de cada párrafo y se hace una puesta en común en el pleno.

Maneras de vivir 3

1 a. Mi casa es tu casa.

Objetivo
Práctica oral para activar vocabulario de la vivienda.

Procedimiento
- Explique a los alumnos que la imagen corresponde a la primera página, o editorial, de una revista de decoración. En este número hay un artículo sobre diferentes tipos de vivienda: desde las más usuales a lugares especiales y diferentes.
- Pídales que se fijen bien en las fotos y que se imaginen cómo son los dueños de esas casas: edad, profesión, aficiones, si viven solos, en pareja o en familia, etc.
- Pasado un tiempo, anime a dos voluntarios a que expliquen sus impresiones e invite al resto de la clase a comentar si han pensado en el mismo tipo de personas.
- Vuelva al título de la revista y pídales que lean el texto que acompaña a las fotos. Escriba en la pizarra *la casa de mis sueños* y anime a los alumnos a que vayan diciendo por turnos características para describir su casa ideal. Por ejemplo: *con jardín, con vistas al mar, con una cocina muy grande*, etc.
- Pídales que lean el texto que acompaña a las fotos y seleccionen más palabras para completar la lista que hay en la pizarra.
- En el pleno, cada alumno selecciona al menos tres características y explica a la clase por qué son importantes.

1 b. ¿Recuerda cómo vivía usted de niño/-a?

Objetivos
- Práctica oral personalizada para activar vocabulario de la vivienda.
- Repasar el imperfecto para hablar de hábitos en el pasado.

Procedimiento
- Pida a los alumnos que cierren los ojos y que "vuelvan" a la casa donde vivían cuando eran niños. Anímelos a que "abran la puerta" y "caminen por la casa". Dígales que intenten recordar los aspectos que se mencionan en el libro: dónde estaba, con quién vivían en esa casa, cómo era la habitación y lo que más les gustaba.
- Después, déjeles un tiempo para que tomen notas. En parejas, los alumnos presentan sus recuerdos a su compañero.
- Al final, en el pleno, cada alumno comenta un recuerdo de su compañero que le ha llamado la atención.

Alternativa
En parejas, proponga a los alumnos que dibujen primero el plano de su casa y que después se lo expliquen a su compañero. Recuérdeles que mencionen qué era lo que más les gustaba y por qué.

Observación
Este tipo de actividades permiten a los alumnos activar su inteligencia interpersonal. De esta forma tienen la oportunidad de reflexionar sobre sus propias experiencias y relacionar sentimientos o asociaciones personales con palabras.

A mi manera

Objetivos
- Presentar y comparar diferentes estilos de vida.
- Repasar y ampliar el vocabulario relacionado con la vivienda.
- Hablar sobre ventajas y desventajas de la vida en el campo y la ciudad.
- Presentar recursos para contraponer opiniones.
- Presentar el estilo indirecto para transmitir palabras de otras personas.

3 Maneras de vivir

2 a. En la revista CASA Y ESTILO, algunas personas hablan sobre diferentes maneras de vivir.

Objetivos
- Comprensión lectora global.
- Ampliar vocabulario específico relacionado con la vivienda y formas de vida.

Procedimiento
- Pregunte a los alumnos qué tipos de viviendas son las más comunes en su barrio: bloques de apartamentos, casas unifamiliares, etc.
- Pídales que lean los textos y que subrayen las palabras clave para identificar el tipo de vivienda: granja, faro, ático, adosado. Aclare las posibles dudas de vocabulario.
- En el pleno, pregunte a los alumnos si pueden imaginar otros lugares donde se podría tener una vivienda especial. Probablemente se mencionarán palabras del tipo: *barco, torre, castillo*, etc.
- Al final, los alumnos comentan en el pleno en qué lugar, de los cuatro que se han presentado, les gustaría vivir y por qué. Puede guiar sus respuestas con preguntas del tipo: *¿Cuál es la más tranquila? / ¿Cuál tiene mejores vistas? / ¿Cuál es la más cara? / ¿Cuál necesita más trabajo?*

Alternativa
Para que los alumnos no lean de forma individual los cuatro textos, puede dividir la clase en cuatro grupos. Cada grupo lee un texto, elige un portavoz y este presenta un resumen al resto de la clase.

2 b. ¿Recuerda el vocabulario de la casa? Complete el mapa asociativo en su cuaderno.

Objetivo
Repasar y ampliar el vocabulario relacionado con la vivienda.

Procedimiento
- Pida a los alumnos que vuelvan al texto y marquen todas las palabras relacionadas con el tema de la vivienda.
- Llámeles la atención sobre el mapa asociativo que tienen en el margen izquierdo y pídales que lo completen en sus cuadernos con las palabras del texto y con todas las que recuerden.
- Para comprobar, complete el mapa en la pizarra con las palabras que mencionen los alumnos.

Para ampliar
Recorte fotos de diferentes partes de la casa, a ser posible de estilos distintos, y llévelas a clase. Explique a los alumnos que tienen la posibilidad de cambiar algo de su casa y que no van a tener límites de dinero para ello. Las fotos que ha traído los pueden inspirar. Ponga las fotos en una mesa e invite a los alumnos a que cojan la que más les interese. Puede ser el tipo de cocina que siempre han querido tener o a lo mejor les gusta el estilo del dormitorio, etc. Después, en el pleno, cada persona muestra la foto que ha elegido y explica por qué.

2 c. Busque en el texto qué ventajas y desventajas tiene cada manera de vivir.

Objetivo
Comprensión lectora selectiva.

Procedimiento
- Comente a los alumnos que todos los lugares que han visto para vivir tienen sus ventajas y desventajas. Pídales que vuelvan al texto y que busquen para cada tipo de vivienda qué ventajas y desventajas ven sus dueños.
- Pasado un tiempo, comprueben los resultados en el pleno. Para ello, complete con la ayuda de los alumnos la tabla de la actividad.

	ventajas	desventajas
granja	– en plena naturaleza – vivir tranquilo, sin prisas	– menos oferta cultural
faro	– mantenerse en forma – sin ruidos / vecinos / presión – se ve el mar y la costa sin casas	– no hay hospitales cerca
ático	– vistas fantásticas – cerca del centro – como un mirador – ir al trabajo a pie	– pequeño / ascensor estropeado
adosado	– suficiente espacio – jardín	– pocos servicios públicos – se necesita el coche

- Si quiere, puede ampliar esa tabla con las posibles ventajas y desventajas que vean los alumnos a esos lugares.

2 d. En parejas. Cada uno/-a hace dos dibujos de los aspectos con los que está satisfecho/-a o no de su vivienda. Su compañero/-a le hace preguntas.

Objetivo
Práctica oral lúdica para hablar de aspectos relacionados con la vivienda.

Procedimiento
- Puede empezar la actividad haciendo un dibujo de uno de los aspectos de su vivienda con los que está usted satisfecho o no. Anime a los alumnos a que le hagan preguntas para saber qué significa y por qué ha elegido ese objeto o lugar de la casa.
- Después, forme parejas y pida a los alumnos que dibujen dos objetos relacionados con aspectos de su vivienda con los que están o no satisfechos. Luego, su compañero le hará preguntas para adivinar de qué aspecto se trata y por qué lo ha elegido, como en el modelo.

Observación
Esta actividad está pensada para los alumnos con una inteligencia visual especialmente desarrollada. Sin embargo, es importante explicar a los alumnos que no se sienten cómodos dibujando que se no trata de comprobar "su capacidad artística", es decir, no tiene que ser un dibujo elaborado. Lo importante es tener un motivo para hablar de algo personal y cotidiano. Además, esta técnica es una buena estrategia para reaccionar cuando no se sabe una palabra y no abandonar la conversación.

2 e. ¿Campo o ciudad? ¿Dónde se vive mejor?

Objetivos
- Práctica oral controlada para hablar de las ventajas y desventajas de la vida en el campo o la ciudad.
- Fijar y ampliar recursos para contraponer opiniones.

Procedimiento
- Si es posible, lleve varias fotos del campo y de la ciudad. Ponga todas las fotos relacionadas con uno de los temas en una pared, y las otras, en la pared de enfrente.
- Divida la clase en dos grupos (A: "campo" y B: "ciudad"). Puede hacerlo según las preferencias de los alumnos, pero asegúrese de que los grupos tienen el mismo número de personas.
- En los grupos, los alumnos deciden qué ventajas e inconvenientes tiene vivir en el lugar que se les ha asignado. Mientras tanto, entregue a cada persona una tarjeta y pídales que escriban en ella uno de los argumentos que han acordado. Al final, cada persona debe tener al menos un argumento diferente para poder participar más tarde.
- Cuando los grupos tengan los argumentos listos, llámeles la atención sobre los recursos que tienen en el margen izquierdo para contraponer opiniones y anímelos a usarlos en sus intervenciones.
- En el pleno, los grupos intercambian argumentos a favor y en contra. Para ello, una persona del grupo A dice el argumento de su tarjeta. Entonces una persona del grupo B reacciona y contraargumenta con la idea de su tarjeta. A continuación, el turno pasa de nuevo al grupo A, que tiene que reaccionar. Así sucesivamente hasta que todos los alumnos hayan participado.
- Puede darles este ejemplo para aclarar mejor la dinámica:

> A1: En el campo se vive más tranquilo.
> B1: Es cierto, pero en la ciudad tienes más servicios.
> A2: Puede ser, aunque hoy en día todo es más fácil con las nuevas tecnologías.

3 a. Escuche una entrevista al propietario de la granja en Pontedeume (Galicia) y tome notas sobre los siguientes aspectos. 11

Objetivo
Comprensión auditiva global.

Procedimiento
- Explique a los alumnos que van a escuchar una entrevista con Alberto, el propietario de la granja en Pontedeume, Galicia. En esta entrevista Alberto va a ampliar la información que los alumnos han leído en el reportaje de la actividad 2.
- Ponga la audición una vez y pídales que tomen nota sobre los aspectos que se mencionan.
- Antes de poner de nuevo la audición, pida a los alumnos que comparen sus notas con su compañero.
- Ponga la audición otra vez y después comprueben los resultados en el pleno.

Solución
Madrid: Vivió 15 años en Madrid, estaba soltero y trabajaba de periodista.
los motivos del cambio: Tuvo hijos y el centro de Madrid no es el mejor lugar para los niños.
las ventajas: La belleza de la zona, que reúne montaña y mar, ríos y playas, buenas comunicaciones y una excelente gastronomía; el espacio y la tranquilidad, mejor calidad de vida.

3 Maneras de vivir

los clientes del hotel: Buscan un hotel en el campo, una naturaleza auténtica. La falta de televisor permite a algunos clientes comunicarse mejor entre ellos.

3 b. Escuche otra vez y escriba las preguntas de la entrevistadora. ▶▶ 11

Objetivos
- Comprensión auditiva detallada.
- Presentar el uso del estilo indirecto en un contexto significativo.

Procedimiento
- Antes de poner la audición otra vez, pida a los alumnos que lean las frases con las que se transmiten las preguntas de la entrevistadora. Pregúnteles si recuerdan cómo las ha formulado ella exactamente.
- Ponga la audición y deje tiempo a los alumnos para que escriban las preguntas de la entrevistadora.
- Al final, los resultados se comentan en el pleno.

Solución
1. ¿Cómo era **tu** vida en Madrid?
2. ¿Por qué **elegiste** Galicia?
3. ¿Qué **te** llamó la atención (de la casa)?
4. ¿**Podrías** imaginar**te** volver a Madrid?

3 c. Cuando transmitimos palabras de otras personas, hay algunos cambios.

Objetivo
Sensibilizar a los alumnos sobre las transformaciones que se producen en el estilo indirecto.

Procedimiento
- Explique a los alumnos que en las frases anteriores pueden ver las diferencias que hay entre lo que se dice (estilo directo) y lo que se transmite (estilo indirecto). Pídales que comparen las frases y que marquen en la dos los cambios que se producen.
- Teniendo esto en cuenta y los ejemplos de la tabla, se darán cuenta de que cuando transmitimos una información o una pregunta de otra persona (estilo indirecto) cambian los verbos, los pronombres y los adverbios. En el caso de las preguntas, si no hay ningún pronombre interrogativo, la pregunta (frase subordinada) se introduce con *si*. Estos cambios para adaptar la información a la perspectiva del hablante también ocurren en alemán.
- Llámeles la atención sobre los verbos que se pueden usar para transmitir palabras en el cuadro de la derecha y no repetir siempre el verbo *decir*.

3 d. Comentarios sobre el reportaje. Transforme estas frases al estilo indirecto.

Objetivo
Práctica escrita guiada del estilo indirecto.

Procedimiento
- Señale los comentarios y diga a los alumnos que son una selección de las reacciones al reportaje de algunos lectores de la revista.
- Los alumnos, de forma individual, transforman las frases al estilo indirecto. Insista en que usen para cada frase un verbo distinto para introducir la información.
- Los resultados se comprueban en el pleno.

Para ampliar
En cadena, cada persona dice en voz baja a su compañero de la derecha su opinión sobre una de las casas del artículo. Después, transmite la información al resto de la clase.

3 e. El juego del cotilleo.

Objetivo
Práctica oral lúdica para trabajar el estilo indirecto.

Procedimiento
- Pregunte a los alumnos si alguna vez han jugado al *teléfono descompuesto* ("Stillepost") y si es así, invítelos a que expliquen cómo se juega.
- Forme grupos de cuatro personas y pídales que se levanten y se pongan en fila.
- A continuación, propóngales que piensen en una información personal, que puede ser verdad o mentira. La persona que empieza (A) cuenta a su compañero (B) la información al oído para que los demás no la puedan oír. B se la transmite a la persona de su izquierda (C) incluyendo algún dato más. C dice a la última persona lo que ha oído añadiendo una nueva información. La última persona dice en voz alta lo que le han dicho y la primera reacciona y corrige la información.
- Antes de empezar, lean juntos el ejemplo y hagan una prueba.
- Dependiendo del tiempo, puede hacer solo una ronda o cuatro para que todas las personas del grupo den su información.

Cosas de casa

Objetivos
- Repasar y ampliar vocabulario relacionado con las tareas de la casa.
- Introducir recursos para presentar argumentos y reaccionar.
- Presentar el uso del indicativo y subjuntivo para expresar opiniones o valoraciones.
- Presentar el uso del indicativo y subjuntivo en el estilo indirecto.

4 a. Tareas de la casa.

Objetivo
Repasar y ampliar vocabulario relacionado con las tareas de la casa.

Procedimiento
- Señale las fotos y comente a los alumnos que son algunos ejemplos de tareas de la casa. Pregúnteles qué piensan cuando escuchan esas palabras: *aburrimiento*, *discusión con la pareja*, etc.
- Pídales que lean la lista de actividades y aclare las dudas de vocabulario. Después, los alumnos escriben al lado de cada actividad el número correspondiente de la foto.
- Hagan una puesta en común en el pleno para comprobar los resultados.
- De forma individual, los alumnos seleccionan las cinco actividades de la lista que más odian, y las ordenan del 1 (menos odio) al 5 (más odio). Mientras, escriba las actividades en la pizarra.
- En el pleno, cada persona comenta sus "odios". Vaya apuntando los resultados para obtener la actividad más odiada de la clase.

4 b. Y usted, ¿qué asocia con estas actividades?

Objetivo
Práctica oral libre para fijar el vocabulario relacionado con las tareas de la casa.

Procedimiento
- En grupos de tres, los alumnos toman las actividades de la lista e intercambian experiencias sobre ellas como en el modelo. Pueden decir con qué frecuencia lo hacen, de quién aprendieron a hacerlo, si les ha ocurrido algo divertido, etc.
- Pasado un tiempo, pida a los alumnos que cuenten al resto de la clase la experiencia más interesante.

Para ampliar
Haga una fotocopia del tablero y de las tarjetas de la ficha 6 a y b (págs. 110 – 111) tantas veces como grupos de cuatro personas pueda formar en la clase y recorte las tarjetas. En clase, entregue a los grupos una fotocopia del tablero, las tarjetas y un dado. En cada grupo, los alumnos forman dos equipos. Pídales que pongan las tarjetas en el centro del tablero boca abajo para que no se vean. A continuación, explíqueles las reglas del juego: en el tablero hay tres tipos de casilla: la estrella indica que el jugador tiene que representar con mímica la actividad de la tarjeta para que su compañero la adivine. La cruz indica que el jugador tiene que describir a su compañero en qué consiste la actividad. El círculo indica que el jugador tiene hacer un dibujo para intentar que su compañero adivine la actividad. Empieza la persona que obtenga la mayor puntuación al tirar el dado. Después tira el dado de nuevo y avanza tantas casillas como indique el dado. Toma una tarjeta del centro y explica el concepto de la manera en la que indique el símbolo de la casilla. Su compañero tiene un minuto para intentar adivinar. Si la persona adivina la palabra, entonces se quedan en la casilla, si no, retroceden a la casilla en donde estaban antes. El turno pasa a la persona de la izquierda, y así sucesivamente. Gana la pareja que antes llegue a la meta.

4 c. ¿Quién hace las tareas en su casa? ¿Qué hace usted?

Objetivos
- Comprensión lectora global para presentar los recursos necesarios para argumentar.
- Presentar el uso del subjuntivo para valorar o negar una opinión.

Procedimiento
- Explique a los alumnos que van a leer dos opiniones de un foro en internet en el que se trata el tema de las tareas domésticas.
- Los alumnos leen el texto y de forma individual escriben una frase que resuma cada una de las opiniones.
- Haga una puesta en común en el pleno y escriba algunas las frases que le van diciendo los alumnos.
- Pida a los alumnos que vuelvan a leer los textos y que marquen las expresiones para valorar y los verbos de las frases subordinadas que las siguen. Anímelos a deducir la regla de uso de indicativo o subjuntivo a partir de la función de estas expresiones. Puede escribir esta tabla en la pizarra

3 Maneras de vivir

y pedirles que la completen con otras expresiones que conozcan.

> | con indicativo: | con subjuntivo: |
> |---|---|
> | confirmar una opinión | negar una opinión |
> | Es verdad que + ind. | No creo que + subj. |
> | | No es verdad que + subj. |

- Después, pueden comparar sus ideas con el cuadro resumen que tienen en el margen izquierdo.

4 d. Participe en el foro con su opinión por escrito y compare después con sus compañeros.

Objetivo
Práctica escrita personalizada para fijar los recursos para presentar argumentos.

Procedimiento
- Cada alumno escribe su respuesta para el foro en una hoja. Recuérdeles que usen las expresiones que tienen en el margen izquierdo para presentar argumentos y que, como en las dos opiniones que han leído, usen ejemplos para apoyar los suyos y los conectores para unir las ideas.
- Pase por las mesas y revise con los alumnos los textos. Márqueles los posibles errores, pero deles la oportunidad de que se puedan autocorregir.
- Cuando todos los alumnos hayan acabado, pídales que pasen la hoja a su compañero de la izquierda. Déjeles un par de minutos para que lean la respuesta. A continuación, los alumnos vuelven a pasar el texto al compañero de la izquierda y así hasta leer al menos tres opiniones distintas.
- Haga una puesta en común en el pleno y pídales a los alumnos que expliquen con qué opinión están más de acuerdo.

Alternativa
Invite a los alumnos a leer su opinión en el pleno. Los demás toman notas y al final explican con qué opinión están más de acuerdo.

5 a. ¿Escribe usted mensajes para su familia? ¿Dónde los deja?

Objetivo
Práctica oral personalizada para preparar la actividad 5b.

Procedimiento
Señale la foto de la nevera con los "post-its" y pregunte a los alumnos si también escriben mensajes breves a su familia, a las personas con las que comparten su casa o a sus compañeros de trabajo y dónde los dejan. Si no los usan, pregúnteles qué hacen en su lugar.

5 b. Mensajes de la familia Duarte.

Objetivo
Comprensión lectora global para preparar la actividad 5c.

Procedimiento
- Pida a los alumnos que se fijen en el anuncio que ha hecho la empresa *Telestar* y que expliquen después qué producto quieren promocionar. Se trata de una tarifa especial para familias: se pueden contratar hasta cinco líneas, sin límite de tiempo para hablar, por 3 € al mes por línea contratada.
- Anímelos a comentar en el pleno si la oferta les parece atractiva y si ellos prefieren en estos casos un mensaje escrito o llamar por teléfono.

5 c. Lea los mensajes y escriba al lado de las frases del cuadro quién la dice.

Objetivo
Sensibilizar a los alumnos sobre el uso del indicativo o subjuntivo en el estilo indirecto para transmitir informaciones o peticiones.

Procedimiento
- Pida a los alumnos que lean las frases del cuadro y que vuelvan a leer los mensajes del anuncio para identificar a la persona que escribió el mensaje.
- Cuando lo hayan indentificado, pídales que escriban el nombre al lado de cada frase y compruebe los resultados en el pleno.
- A continuación, pregúnteles en qué ejemplos se transmite una información y en cuáles un deseo o una petición. Para ello dígales que se fijen en los verbos que están en negrita. Observarán que dependiendo de lo que se transmite (información o deseo), el verbo *decir* se usa con indicativo o subjuntivo. Con ello los alumnos pueden completar la regla que tienen en el margen derecho.

5 d. Transmita por escrito los otros mensajes que están en la nevera.

Objetivo
Práctica escrita para fijar el uso del indicativo o subjuntivo en el estilo indirecto.

Procedimiento
- Pida a los alumnos que trasmitan por escrito los otros mensajes que están en la nevera.
- Las frases se comprueban en el pleno. Por turnos, varios voluntarios explican si en el mensaje la persona transmite una información o un deseo y justifica así el uso de indicativo o subjuntivo.

5 e. Mensajes de la clase.

Objetivo
Práctica escrita lúdica del estilo indirecto para transmitir peticiones.

Procedimiento
- Entregue a los alumnos papeles para que escriban en él una pregunta, una información o una petición para uno de sus compañeros. Recuérdeles que deben escribir tanto el nombre del destinatario como el suyo propio, tal y como se ve en el modelo.
- Recoja todos los papeles, mézclelos y repártalos de nuevo asegurándose de que ninguna persona recibe su propio mensaje.
- Llámeles la atención sobre la lista de verbos que tienen en el margen derecho para transmitir peticiones. Al igual que los que ya han visto en la actividad 3c para transmitir informaciones, estos verbos expresan distintos matices de una petición.
- Después, pídales que por turnos transmitan la información a la persona a la que se dirige el mensaje, como en el ejemplo que tienen en la actividad. Recuérdeles que presten atención a los cambios que se producen cuando se transmiten las palabras de otra persona.
- El destinatario puede reaccionar al mensaje del compañero, contestando a la pregunta, haciendo lo que le pide o comentando la información.

Calidad de vida

Objetivos
- Hablar de los aspectos que influyen en la calidad de vida.
- Presentar recursos para reaccionar ante una información sorprendente: el uso de *lo de*.
- Practicar los recursos para presentar argumentos, reaccionar, contraponer opiniones y valorar o negar una opinión en un minidebate.

6 a. ¿Qué significa para usted 'calidad de vida'?

Objetivo
Práctica oral para repasar y ampliar el vocabulario relacionado con la rutina diaria, tiempo libre y calidad de vida.

Procedimiento
- Comente a los alumnos que regularmente se publican estudios sobre los países con mejor calidad de vida y que casi siempre aparece Dinamarca en primer lugar. Para estos estudios se suelen tener en cuenta muchos factores. Pregúnteles si conocen algunos de ellos.
- Señale los símbolos y anímelos a que en parejas, escriban al lado de cada uno a qué factor hacen referencia. Insista en que se pueden interpretar de muchas formas y que no hay una respuesta única.
- Pasado un tiempo, haga una puesta en común en el pleno (mejor si tiene una transparencia) y anote las palabras que relacionan los alumnos con los símbolos. Pregúnteles si pueden añadir otros factores.
- Después, cada persona elige los tres que son más importantes según su opinión.

6 b. Vivir con calidad de vida.

Objetivos
- Práctica oral para fijar vocabulario sobre aspectos que influyen en la calidad de vida de una ciudad.
- Preparar la comprensión auditiva de 6c.

Procedimiento
- Explique a los alumnos que a la hora de hablar de si un lugar ofrece una buena o mala calidad de vida a sus habitantes se suelen tener en cuentas los criterios que hay en la lista. Pídales que lean la lista y aclaren las dudas de vocabulario.
- De forma individual, los alumnos califican del 1 (malísimo) al 5 (excelente) los aspectos de la lista para su barrio o ciudad.
- En el pleno cada alumno presenta su puntuación. Si en la clase hay representadas varias ciudades o barrios, puede organizar la actividad de forma que conversen entre sí los de un mismo lugar y luego presenten los resultados del grupo en el pleno.

3 Maneras de vivir

6 c. Escuche a estas personas. ¿A qué aspectos de la lista se refieren? ▶▶ 12–14

Objetivo
Comprensión auditiva selectiva para introducir recursos para presentar una información sorprendente y reaccionar.

Procedimiento
- Explique a los alumnos que van a escuchar tres diálogos en los que se comenta una información.
- Pídales que se concentren en los aspectos de la actividad 6b y que marquen los que se mencionan.
- Haga después una puesta en común en el pleno para comprobar los resultados.

Solución
1. guarderías para niños, 2. oferta cultural, transporte público, energías renovables, 3. precio de la vivienda

6 d. ¿Te has enterado de lo de…? ▶▶ 12–14

Objetivos
- Comprensión auditiva detallada para sistematizar recursos para presentar una información sorprendente y reaccionar.
- Presentar la expresión *lo de* para referirse a algo ya mencionado.

Procedimiento
- Ponga de nuevo la audición. Los alumnos marcan en el cuadro las expresiones que escuchan.
- Haga una puesta en común en el pleno y después comente que estas expresiones sirven para presentar una información sorprendente. Explique también que con la expresión *lo de* nos referimos a una información que ya es conocida por parte del oyente.
- Después, dirija la atención de los alumnos hacia el margen izquierdo. Aquí tienen una lista de recursos para reaccionar ante una información nueva o sorprendente. Mencione que en las conversaciones entre hispanohablantes se suelen incluir este tipo de expresiones: es una forma de mostrar interés por lo que nos cuenta otra persona. El silencio o la falta de este tipo de expresiones suele incomodar a la persona que habla, pues no se siente escuchada. Por eso, es importante para los alumnos ir incorporando estas muletillas cuando hablen.

Solución
1. ¿Sabías que Carla deja el trabajo? / ¿De verdad?
2. ¿Has oído lo del teatro? / ¿Qué dices? ¿En serio?
3. ¿Te has enterado de lo de Antonio? / ¡No me digas!

6 e. Noticias de la clase.

Objetivo
Práctica oral lúdica de los recursos para presentar información interesante o sorprendente y reaccionar.

Procedimiento
- Cada alumno escribe en una papel una información curiosa sobre sí mismo. Insista en que no es necesario que sea verdad, también pueden inventarla si quieren. Lo importante es que sea de alguna forma curiosa o sorprendente.
- Después, pasan el papel a un compañero y este comenta la información al resto de la clase.

Alternativa
Recoja todos los papeles y métalos en una bolsa o en un caja. Por turnos, los alumnos sacan una nota, leen la información y luego la comentan al resto de la clase como en el modelo.

7 a. Otra vida. ¿Podría imaginarse abandonar su vida actual?

Objetivos
Práctica oral libre para hablar sobre estilos de vida y repasar el uso del condicional.

Procedimiento
- Pregunte a los alumnos qué motivos pueden llevar a una persona a cambiar completamente de vida (*tocar la lotería, enamorarse de alguien, aceptar un trabajo nuevo, una enfermedad, jubilarse, etc.*) y anótelos en la pizarra
- Luego, pídales que expliquen al resto de la clase por qué razón, de las que se han mencionado anteriormente, abandonarían su vida actual y adónde irían y qué harían allí.

Alternativa
Escriba en cuatro grandes carteles las siguientes propuestas: *ir a otra ciudad, ir al campo, ir a otro país, ir a otro continente*. A continuación, cuélguelos en cuatro lugares distintos de la clase. Luego, pida a los alumnos que se levanten y que se coloquen en la alternativa que más les guste. Cuando se hayan formado esos grupos, déjeles tiempo para que hablen sobre el lugar al que irían y lo que harían allí.

7 b. Matavenero, un pueblo para gente alternativa. ¿Puede imaginar cómo se vive en él?

Objetivo
Comprensión lectora selectiva.

Procedimiento
- Antes de empezar a leer el texto, pida a los alumnos que se fijen en la foto, la describan y que comenten si coincide con la idea que tienen de una casa de un pueblo para gente alternativa.
- Pregúnteles cómo se imaginan la vida en un pueblo creado por personas que deciden buscar una nueva forma de vida. Puede guiar la conversación haciendo preguntas como *¿Cuánta gente hay? ¿Qué servicios puede tener? ¿Cómo se organizan?*
- A continuación, proponga a los alumnos que lean el artículo y que completen la ficha resumen con los datos de Matavenero.
- Al final, los resultados se comprueban en el pleno y se aclaran las posibles dudas de vocabulario.

7 c. En parejas, hablen de los aspectos positivos o negativos de esta forma de vida.

Objetivos
- Comprensión lectora selectiva.
- Práctica oral libre para hablar de las ventajas y desventajas de este estilo de vida.

Procedimiento
- Forme parejas y pida a los alumnos que relean el texto y hagan una lista con los aspectos que describen la vida en comunidad en Matavenero.
- Después, comentan entre ellos qué aspectos tomarían para su propio pueblo o ciudad y cuáles no.
- En el pleno, cada pareja explica qué medidas tomarían para el lugar donde viven y cuáles no y por qué.

Para ampliar
Proponga a los alumnos que hagan las actividades de *congusto online*.

7 d. Minidebate. Un domingo sin ruidos.

Objetivo
Práctica oral libre para intercambiar opiniones y reaccionar a argumentos.

Procedimiento
- Lleve a clase tarjetas suficientes para que los alumnos puedan escribir en ellas.
- Coménteles que el ayuntamiento de su ciudad va a tomar una medida para mejorar la calidad de vida: prohibir los domingos los ruidos de coches y de todo tipo de motores
- Proponga a los alumnos que en grupos de tres preparen argumentos a favor o en contra de esta medida y que los escriban en las tarjetas.
- Pasado un tiempo, los alumnos forman dos grupos: los que están a favor y los que están en contra de la medida. Cada grupo reúne todas las tarjetas que le correspondan de la fase anterior y desecha los argumentos repetidos. Las tarjetas que queden se reparten entre los miembros del grupo.
- Explique a los alumnos que van a organizar un pequeño debate y que usted será el moderador. Su función consistirá en dar la palabra a quien lo pida y controlar que se respete el turno de palabra y que todos participen.
- Recuérdeles que utilicen los recursos que han aprendido a lo largo de la unidad para presentar argumentos, mostrar acuerdo o desacuerdo, etc. Para tenerlos presentes puede escribir una tabla similar en la pizarra. Anime a los alumnos a que vayan diciendo ejemplos de cada categoría:

presentar argumentos	Pienso que...
mostrar acuerdo	
mostrar desacuerdo	
contraponer opiniones	

- Por turnos, cada persona presenta uno de los argumentos y alguien del grupo contrario reacciona y expone su punto de vista usando el argumento de su tarjeta. Es importante que escuchen bien y reaccionen con el argumento adecuado. Así sucesivamente, hasta que se hayan presentado todos los argumentos.

Para ampliar
Los alumnos escriben al ayuntamiento y dan su opinión usando los argumentos que se han dado durante el debate.

Tarea final. La calidad de vida en mi ciudad.

Objetivo
Práctica oral y escrita de los contenidos y recursos de la unidad en un contexto personalizado auténtico.

3 Maneras de vivir

Procedimiento
- Comente a los alumnos que el ayuntamiento del lugar en el que viven quiere hacer una encuesta entre los hispanohablantes para investigar qué les parece la calidad de vida en su ciudad o barrio. Explíqueles que ellos serán los encargados de preparar esta encuesta. Para ello, deberán tener en cuenta los aspectos mencionados.
- Forme grupos de tres personas y pídales que se fijen en el cuestionario que tienen como modelo.
- Dígales que piensen en dos preguntas más para cada aspecto e insista en que las formulen de forma que no se contesten con un simple *sí* o *no* para obtener el máximo de información posible.
- En el pleno, cada grupo presenta sus preguntas y se eligen las tres más interesantes para cada aspecto: por su actualidad, por referirse a situaciones más o menos polémicas, etc.
- Entregue a cada alumno una fotocopia de la ficha 7 (pág. 112) para que anoten las preguntas definitivas.
- En parejas, cada alumno hace el cuestionario a su compañero y toma notas de las respuestas.
- Al final, en el pleno, pídales que hagan un resumen de los resultados teniendo en cuenta en él si su barrio o ciudad tiene una buena calidad de vida y qué aspectos se podrían mejorar en su opinión.
- Recuérdeles que guarden el cuestionario en su portfolio.

Amor imposible

Objetivos
- Comprensión lectora y auditiva global y práctica escrita.

Capítulo 3: Texto y música ▶▶ 15

Procedimiento
- Pida a los alumnos que lean las instrucciones de la jefa de la emisora y que le expliquen qué problema tiene hoy Joaquín para no ir a trabajar.
- Una vez ha quedado clara la tarea que tienen que hacer en este capítulo, los alumnos van a la página 199 y anotan el efecto de sonido que hay que hacer al lado del texto correspondiente.
- Haga una puesta en común para ver qué lugares se han elegido para esos efectos y después se compara con la audición.
- Recuerde a los alumnos que no deben olvidar el resumen del capítulo.

Con sabor

Objetivo
Comprensión lectora y práctica oral sobre un producto típico del mundo hispanohablante: la patata o papa.

Procedimiento
- Para introducir el tema y antes de ir a la página 37, pregunte a los alumnos qué platos conocen cuyo ingrediente principal sea la patata.
- A continuación, forme grupos de tres o cuatro personas y dígales que van a hacer un concurso para averiguar qué saben de este producto. Entregue a cada grupo un papel con las siguientes preguntas y déjeles tiempo para decidir si la información les parece falsa (F) o verdadera (V):

1. Es originaria de Latinoamérica.
2. Se cultiva desde hace más de cinco siglos.
3. Este producto solo se llama "papa" en Latinoamérica.
4. Se conocen 4000 variedades diferentes.
5. En Europa, la patata se consideraba una planta decorativa.
6. La patata es el cuarto alimento más importante del mundo.
7. Las patatas fritas se inventaron en Inglaterra.
8. Federico II de Prusia promovió el cultivo de la patata en Alemania.

- Pregunte a cada grupo por su solución y tome nota de lo que dicen.
- Después, pida a los alumnos que vayan a la página 37 y que lean el texto para ver si habían acertado en el cuestionario.
- En el pleno, se comprueba qué grupo tenía más aciertos y se comentan las preguntas que hay al final de cada párrafo.

Para ampliar
Si quiere, puede pedir a los alumnos que escriban la receta de un plato bastante popular, pero que curiosamente en todas las familias es un poquito diferente: la ensalada de patatas. Después, en grupos, comparan los ingredientes y la forma de prepararlo y comentan en qué ocasiones lo preparan y con qué la toman. En el pleno, cada grupo explica al resto de la clase qué diferencias hay entre las recetas.

Mirador 4

Hablamos de cultura

Los alumnos que se acercan a la realidad cultural de la lengua que aprenden, lo hacen siempre desde su propia cultura y su experiencia personal.

En cada *Mirador* se propone a los alumnos que reflexionen sobre aspectos culturales relacionados con alguno de los temas vistos en las unidades anteriores. El punto de partida es siempre un cuestionario que invita a plantearse qué actitud tiene cada persona ante determinadas situaciones. Por ello, es importante que los alumnos sepan que no existe una respuesta correcta o falsa y que hablen libremente de lo que ellos realmente hacen en esos casos.

La tarea de comentar los resultados en el pleno o en pequeños grupos sirve a los alumnos para darse cuenta de que también dentro de una misma cultura no siempre se puede generalizar y que ciertas actitudes dependen de las preferencias y creencias de cada uno. Con esto, se pretende llamar la atención sobre el hecho de que, si bien existe un conjunto de normas o costumbres estandarizadas propias de una comunidad lingüística, hay que evitar caer en los estereotipos.

A continuación, se lee un texto en el que una persona hispanohablante cuenta una anécdota relacionada con un aspecto concreto del cuestionario. Este texto sirve de base para que los alumnos continúen reflexionando y matizando sus conocimientos sobre el aspecto cultural elegido y vean la perspectiva individual de una persona de la cultura que estudian.

Ahora ya sabemos

En esta página de autoevaluación se presentan varias actividades para que los alumnos pongan en práctica los recursos aprendidos en clase, tomen conciencia de su progreso en el aprendizaje y desarrollen también su autonomía. Cada actividad plantea a los alumnos una situación que tienen que resolver en grupo o de forma individual. Estas se adaptan a las actividades que contempla en cada destreza el MCER y que son las que se proponen en la mayoría de exámenes oficiales como el DELE o el telc. Además, se dan consejos para preparse y las referencias a los recursos lingüísticos que pueden usar. Como último paso, los alumnos valoran sus producciones con ayuda de los smileys.

Terapia de errores

En *Con gusto B1* se sigue dando al alumno la posibilidad de experimentar con la lengua y de aprender de los errores. Tradicionalmente el error significaba un desconocimiento de las reglas de la nueva lengua y por tanto un elemento negativo y no deseable en el proceso de aprendizaje. Hoy, en cambio, se considera como parte natural de este proceso y como reflejo de los esfuerzos del alumno por formular hipótesis sobre la lengua que aprende. Visto así, el error es uno de los elementos que caracterizan la interlengua, el sistema lingüístico que tiene un alumno de una lengua extranjera en las diferentes etapas del aprendizaje. Por todo ello, es importante que los alumnos adopten una actitud positiva frente a los errores y centren sus esfuerzos en reconocerlos y desarrollar estrategias para evitar que se fosilicen.

El apartado *Terapia de errores* ofrece actividades para que los alumnos identifiquen sus errores, los corrijan y reflexionen sobre las posibles causas. También se les invita a intercambiar experiencias y probar nuevas estrategias para evitarlos.

Zona estratégica

Para ayudar a los alumnos a desarrollar su autonomía en el proceso de aprendizaje y a conseguir sus objetivos comunicativos, es necesario insistir en el componente estratégico.

En este apartado se repasan estrategias ya vistas en los dos tomos anteriores y se introducen otras nuevas con el fin de ampliar y reforzar las redes de

4 Mirador

vocabulario. Este trabajo centrado en el léxico es uno de los principales pilares del libro por su importancia a la hora de que los alumnos puedan expresarse de forma eficaz.

Un texto literario que da que hablar

En este apartado se presentan tres textos de autores de referencia del mundo hispano para que los alumnos puedan disfrutar del placer de su lectura y les sirvan como punto de partida para hablar de experiencias personales.

Para facilitar la lectura, se proponen primero actividades pensadas para activar los conocimientos previos de los alumnos y preparar el vocabulario. A continuación, se trabajan preguntas relacionadas con el tema principal del texto y por último se ofrecen actividades de práctica oral que toman el texto literario como impulso para hablar de experiencias personales.

Hablamos de cultura: vacaciones y viajes

1 a. ¿Qué hace o no hace usted? Marque una alternativa según su opinión.

Objetivo
Reflexionar sobre la actitud personal respecto a las vacaciones y los viajes.

Procedimiento
- Pida a los alumnos que, de forma individual, marquen la alternativa con la que más se identifican o que añadan otra para explicar cómo actúan en esos casos. Insista en que no hay una respuesta correcta, sino que depende de la perspectiva de cada uno.
- Forme parejas y anímelos a comparar sus respuestas explicando sus decisiones con ejemplos, detalles o anécdotas.
- En el pleno, cada pareja presenta los aspectos que tienen en común. A continuación, pregúnteles si algunas de las opciones del cuestionario son típicas de su país y por qué.

1 b. Lea lo que cuenta una argentina sobre su viaje con una amiga suiza. ¿Le gustó?

Objetivos
- Comprensión lectora global para introducir la perspectiva de una persona hispanohablante.
- Práctica oral (interacción oral).

Procedimiento
- Explique a los alumnos que van a leer un texto en el que una argentina habla sobre un viaje con una amiga suiza. Pregúnteles si creen que por ser de estas dos nacionalidades van a tener formas diferentes de entender o preparar el viaje y cuáles pueden ser esas diferencias.
- Pida a los alumnos que lean el texto y que marquen los aspectos relacionados con sus hipótesis.
- Después, en el pleno, pregúnteles si se cumplieron las expectativas de la mujer argentina y pídales que justifiquen su respuesta con la información del texto.
- Haga a los alumnos preguntas para descubrir con qué forma de viajar se identifican más: *¿Compra y lee una guía de antes del viaje? ¿Prefiere vacaciones culturales o de descanso? ¿Le gusta planificar el día?...*
- Al final, pídales que expliquen si les gustaría (o no) viajar con una persona como Karin.

Ahora ya sabemos...

2 Hablar con alguien para llegar a un acuerdo.

Objetivos
Práctica oral controlada (interacción oral) de los recursos para presentar un problema, expresar gustos y deseos, ofrecer ayuda, presentar argumentos, contraponer opiniones y hablar de ventajas y desventajas.

Procedimiento
- Divida la clase en grupos de tres y presente la situación de partida. Insista en que lo importante es que al final lleguen a un acuerdo y que encuentren una solución satisfactoria para los tres.
- Pídales que cada persona del grupo elija uno de los papeles A, B o C, y acuerden un tiempo máximo para realizar la actividad.
- Antes de empezar, déjeles unos minutos para que se preparen. Para ello, es importante que se "metan" en el papel que han elegido y piensen en los argumentos que pueden dar. Además, es conveniente que consulten las páginas 18, 28 y 38 en las que encontrarán expresiones útiles para la discusión.
- Haga una señal y pida a los alumnos que empiecen con la conversación. Mientras hablan entre ellos, no los interrumpa para corregirlos. Puede tomar nota de errores o aspectos que le han llamado la atención y comentarlos más tarde.

- En el pleno, cada grupo explica a qué acuerdo han llegado.
- Dígales que marquen el símbolo dependiendo de si han podido expresar sus opiniones, defender su punto de vista y llegar finalmente a un acuerdo con el resto del grupo.
- Por último, pregúnteles qué aspectos consideran que deben practicar más y por qué.

3 Hablar de un tema expresando su opinión.

Objetivo
Práctica oral (monólogo sostenido).

Procedimiento
- Comente a los alumnos que en las tres unidades anteriores han aprendido muchos recursos y estrategias para hablar de un tema y dar su opinión sobre él.
- La tarea consiste en preparar y presentar uno de los dos temas que se proponen en la actividad y dar argumentos a favor o en contra.
- Señale el recuadro verde de la derecha y sugiérales que sigan esos consejos de preparación.
- Cada persona elige un tema y prepara sus notas. Recuérdeles que estas notas solo son una ayuda durante la presentación y que no podrán leerlas en voz alta. Lo mejor es que no sean frases largas, sino palabras clave que les recuerden los puntos básicos que quieren mencionar.
- En grupos de tres, los alumnos hacen sus presentaciones. Los compañeros que escuchan, pueden tomar notas para valorar a la persona que hace su presentación. Conviene que tengan una tabla en la que vayan escribiendo su opinión sobre aspectos que usted puede pactar con ellos. Estos criterios podrían ser:

	1	2	3
estructura			
argumentos			
vocabulario			
fluidez			
pronunciación			
gramática			

- Pregunte a los alumnos cómo se han sentido durante la presentación y dígales que marquen el símbolo que mejor resume su impresión sobre cómo han resuelto la tarea.

4 a. Escuchar y comprender mensajes en un contestador automático. 16-17

Objetivo
Comprensión auditiva global.

Procedimiento
- Diga a los alumnos que van a escuchar dos mensajes. Acláreles que la tarea no es decidir qué frase es verdadera o falsa según el texto, sino elegir la opción que mejor resume la información del mensaje.
- Antes de poner la audición, deje tiempo para que los alumnos lean las frases.
- Ponga cada audición dos veces y pida a los alumnos que marquen la opción que resuma mejor cada mensaje del contestador.
- Las respuestas se comprueban en el pleno. Aproveche para preguntarles qué palabras les han ayudado a elegir entre las opciones.

Solución
1. El mecánico del taller le pide que se decida entre dos alternativas.
2. Su profesora le llama para decirle que hoy no hay clase.

4 b. Escribir un correo electrónico contestando un mensaje.

Objetivo
Práctica escrita guiada.

Procedimiento
- Pida a los alumnos que elijan una de las dos situaciones de la actividad anterior y que escriban un correo electrónico para contestar a la persona.
- Antes de empezar, escriba en la pizarra esta tabla con los aspectos que tienen que incluir en sus textos. Pregúnteles qué expresiones pueden usar para cada una de ellas y anote los ejemplos que le van dando:

> dar las gracias
> referirse al asunto de la llamada
> proponer una alternativa
> despedirse

- Déjeles tiempo para escribir su mensaje y pase por las mesas para ayudarlos si tienen preguntas.
- Al final, pídales que conserven el texto para usarlo en la siguiente actividad.

4 Mirador

Terapia de errores

5 a. Escribir evitando errores.

Objetivo
Sensibilizar a los alumnos sobre los tipos de errores más frecuentes y guiarlos en la tarea de autocorrección.

Procedimiento
- Pida a los alumnos que vuelvan a leer el correo electrónico de la actividad anterior y que presten atención a los aspectos que se mencionan.
- Para facilitarles la tarea, pueden hacer una tabla e ir marcando *sí* o *no*.

	sí	no
Las frases tienen todos los elementos.		
Los sustantivos concuerdan en género y número con los artículos, adjetivos y pronombres.		
Los verbos están en la persona, tiempo y modo correctos.		
Hay interferencias con palabras alemanas.		
Las palabras están bien acentuadas.		
Se usan bien 'por' y 'para'.		
Se usan bien 'a' y 'en'.		

5 b. En parejas, intercambian ahora sus correos del ejercicio anterior.

Objetivo
Identificar errores y clasificarlos.

Procedimiento
- En parejas, los alumnos intercambian sus textos y controlan el mensaje del compañero.
- Si han encontrado errores, los marcan sin corregir y los clasifican teniendo en cuenta las categorías que han visto en la actividad anterior.
- Después, los alumnos muestran a sus compañeros los errores que han marcado y estos intentan corregirlos. Durante este tiempo, usted puede ayudarlos en caso de que tengan dudas.

Zona estratégica: ampliar vocabulario

6 a. Trucos para ampliar vocabulario.

Objetivo
Presentar estrategias para crear familias de palabras a partir de sufijos y prefijos.

Procedimiento
- Escriba en la pizarra una palabra como *posibilidad* y pregúnteles si conocen otras de la misma familia. Comente que el sufijo *-dad* se usa para formar un sustantivo a partir de un adjetivo. En el caso de *posibilidad*, el sustantivo se ha formado a partir del adjetivo *posible*.
- Señale la tabla con los prefijos y sufijos y explique a los alumnos que gracias a ellos podemos formar palabras a partir de otras. Estas palabras que comparten una misma base o raíz forman una "familia de palabras".
- Propóngales que en parejas añadan más ejemplos para cada categoría.
- En el pleno, los alumnos mencionan las palabras y usted las escribe en la pizarra.

Observación
Explique a los alumnos que *in-* se convierte en *im-* delante de *p* y *b*. Delante de *r*, se convierte en *irr-*.

6 b. Mire las palabras, ¿puede deducir su significado?

Objetivo
Practicar la estrategia de deducir el significado de una palabra a partir de los elementos que la forman.

Procedimiento
- Proponga a los alumnos que lean las palabras y que digan otras palabras de la misma familia.
- Después, pídales que identifiquen la raíz (palabra básica) y los sufijos o prefijos. A partir de ellos, podrán deducir fácilmente su significado.
- Por turnos, los alumnos explican de qué elementos está compuesta una de las palabras y qué significa.

6 c. Busque para estas palabras otras más de la misma familia.

Objetivo
Sensibilizar a los alumnos sobre el uso de prefijos y sufijos para formar palabras.

Procedimiento

- Dirija la atención de los alumnos hacia los prefijos y sufijos que tienen a la derecha (en las piezas de puzzle). Recuérdeles que estos elementos permiten crear nuevas palabras y anímelos a buscar con su ayuda otras relacionadas con las de la lista.
- Fijen un tiempo máximo para encontrar las palabras. Pasado el tiempo establecido, haga una señal para que dejen de escribir.
- Los alumnos comparan sus resultados con otro compañero.
- Haga una puesta en común en el pleno y pida a los alumnos que, por turnos, digan las palabras de su lista sin repetir las que ya han mencionado otros compañeros.

Información

-ante/-ente: forma sustantivos a partir de verbos y expresa el agente de la acción: *cantante, presidente*.
-ble: forma adjetivos a partir de verbos y expresa la capacidad de realizar la acción indicada por el verbo.
co-/con-: indica "unión" y "colaboración".
-dor/a: forma sustantivos a partir de verbos e indica "persona que realiza una acción": *programador*.
-ismo: forma sustantivos a partir de adjetivos para indicar "perteneciente al sistema o doctrina": *terrorismo*.
-miento: forma sustantivos a partir de verbos e indica "acción": *movimiento*.

Un poema que da que hablar

7 a. Hablando de poesía. Intercambien sus experiencias.

Objetivo
Práctica oral para hablar sobre la actitud de los alumnos hacia la poesía.

Procedimiento

- En pequeños grupos, proponga a los alumnos que intercambien sus experiencias y anoten al lado de cada aspecto la información más importante para que después puedan hacer un resumen para el resto de la clase.
- Después, en el pleno, los alumnos comentan las experiencias que se han contado en el grupo.

7 b. Un poema.

Objetivo
Práctica oral personalizada para introducir el tema del poema de la actividad 7c.

Procedimiento

- Comente a los alumnos que Antonio Machado es uno de los poetas más prestigiosos de la literatura española.
- Explique que el poema que van a leer habla de un viaje en tren. Pídales que se imaginen cómo era viajar en un tren a principios del s. XX y ayúdelos con el vocabulario: *trenes de vapor, clases, servicios, personal...* Señale la foto y pregúnteles qué se ve por la ventanilla (cómo es el paisaje por el que viaja el tren y donde podría estar).
- A continuación, comenten en el pleno las preguntas de la actividad.

Información
Antonio Machado (Sevilla 1875 - Colliure 1939): poeta español, miembro de la llamada Generación del 98. Hijo de una familia de intelectuales, se trasladó a vivir a París después de la muerte de su padre. Allí trabajó como traductor y entró en contacto con la vida literaria de la ciudad. En 1907 volvió a España, a la ciudad de Soria, donde le dieron una cátedra de francés. En 1927 fue elegido miembro de la Real Academia Española. Durante la Guerra Civil apoyó firmemente la causa republicana y en 1939 se exilió en Francia, donde poco después murió. Sus poemas destacan por su carácter intimista, el uso del simbolismo y una honda preocupación por el ser humano y la realidad española como base temática.

7 c. Su profesor/a lee el poema en voz alta. ¿Qué le sugiere el ritmo?

Objetivo
Comprensión lectora global.

Procedimiento

- Lea en voz alta el poema prestando atención al ritmo y la entonación, pues solo así los alumnos podrán apreciar el efecto que buscaba el poeta.
- Pregunte a los alumnos qué les sugiere el ritmo. Quizá algunos mencionarán que reproduce el ritmo lento y constante de un tren en movimiento.
- A continuación, diga a los alumnos que lean el poema en silencio y que contesten las preguntas.
- Las respuestan se comprueban en el pleno.

4 Mirador

7 **d. En grupos de tres. Hablen sobre sus experiencias en el tren.**

Objetivo
Práctica oral personalizada.

Procedimiento
- En grupos de tres, hablan sobre el tema de los viajes en tren a partir de las preguntas propuestas.
- En el pleno, cada grupo explica algo que tienen en común con sus compañeros y comentan las respuestas que dieron a las preguntas.

Alternativa
Para agilizar la actividad, prepare varios juegos de tarjetas con las preguntas. En clase, los grupos reciben las tarjetas y las ponen boca abajo. Cada persona del grupo toma una de las tarjetas y responde a la pregunta que le ha tocado. Los otros reaccionan con un comentario u otra pregunta sobre algún detalle que les interese.

¿Papel o pantalla? 5

1 a. ¿Viaja usted regularmente en tren, metro o tranvía? ¿Lee cuando está viajando? ¿Se concentra tanto como el señor de la foto?

Objetivo
Práctica oral para activar conocimientos previos a través de una imagen e introducir el tema de la unidad: la lectura.

Para empezar
Muestre a los alumnos la imagen de la portada y explique que se trata de un anuncio del periódico argentino *Clarín*. Anímelos a que expliquen la situación, lo que hacen las personas, si la foto podría ser también de un metro en Alemania, etc. En un segundo paso, pregúnteles cómo interpretan el eslogan: "Lo mágico de leer". Para ello puede hacerles preguntas como: *¿Por qué es mágico leer? ¿Estáis de acuerdo en que leer tiene algo de magia?*

Procedimiento
- En el pleno, pregunte a los alumnos si usan normalmente el tren, metro o tranvía para viajar.
- A continuación, pídales que comenten si durante el viaje aprovechan para leer y si se concentran tanto como el señor de la foto del anuncio. Quizás alguna persona tiene una anécdota divertida para contar al resto de la clase, como equivocarse de parada o llegar al final de la línea sin darse cuenta por estar tan concentrado en la lectura.
- Después, forme grupos de tres personas y pídales que comenten las preguntas de la actividad.
- Al final, un voluntario de cada grupo hace un breve resumen de lo que han hablado para el resto de la clase.

Alternativa
Fotocopie la ficha 8 (pág. 113) tantas veces como grupos de tres personas pueda formar. Entregue la ficha a una de las personas del grupo, que hará de entrevistador. Déjeles tiempo para que hablen entre ellos y a continuación pida a la persona que ha entrevistado a los otros compañeros que comente sus respuestas y que diga si tiene mucho o poco en común con ellos.

Información
El periódico *Clarín* se publica en la ciudad de Buenos Aires. Se fundó en 1945 y es el de mayor tirada de Argentina.

1 b. Escriba en tres minutos todo lo que se puede hacer con un libro.

Objetivo
Activar vocabulario a partir de la asociación de actividades que se pueden realizar con un libro.

Procedimiento
- Tome un libro y pregunte a los alumnos qué podemos hacer con él además de escribirlo, olvidarlo en un lugar o abrirlo.
- Dígales que tienen tres minutos para escribir en sus cuadernos todas las actividades que se pueden hacer con este objeto.
- Controle el tiempo y hágales una señal para que dejen de escribir.

1 c. Cada uno/-a lee una palabra de su lista sin repetir ninguna de las anteriores. ¿A cuántas llegan?

Objetivo
Repasar vocabulario y sensibilizar a los alumnos sobre la variedad de asociaciones a partir de una misma palabra.

Procedimiento
- Por turnos, los alumnos leen una palabra de su lista sin repetir ninguna de las que ya han dicho sus compañeros.
- Vaya escribiendo en la pizarra las palabras que dicen los alumnos. Al final, cuenten las palabras a las que han llegado.

5 ¿Papel o pantalla?

Del papel a la pantalla

Objetivos
- Repasar y ampliar vocabulario relacionado con la literatura y el cine.
- Hablar sobre hábitos de lectura y gustos literarios y cinematográficos.
- Explicar el argumento y describir los personajes de un libro o una película y hacer una valoración.

2 a. ¿Qué tipo de libro es?

Objetivos
- Compresión lectora global y selectiva.
- Repasar y ampliar vocabulario relacionado con los géneros literarios.
- Hablar de libros y autores españoles o latinoamericanos.

Procedimiento
- Pida a los alumnos que se fijen en el catálogo de la página web de una librería y que escriban junto a cada libro a qué categoría, de las que hay en la lista, pertenece cada uno.
- Haga una puesta en común en el pleno. A continuación dígales que marquen los libros que corresponden al mundo del español.
- En el pleno, pregunte a los alumnos qué otros libros o autores hispanos conocen.

2 b. ¿Ha leído alguno de estos libros? ¿Hay algo en especial que recuerda? ¿Cuál es el libro más divertido/impresionante/aburrido que ha leído?

Objetivo
Práctica oral libre personalizada sobre el tema de los libros.

Procedimiento
- Pregunte a los alumnos si han leído alguno de estos libros y en qué idioma.
- A continuación, anímelos a que comenten muy brevemente si hay algo que recuerdan en especial de uno de ellos y si lo recomendarían o no. En esta fase no deben contar el argumento aún, sino un aspecto especial, por ejemplo, que lo han leído dos veces, que no lo terminaron, que probaron una receta, etc.
- Pídales que piensen durante unos segundos en el libro más divertido, más impresionante y más aburrido que han leído.
- Invítelos a que en el pleno presenten estos libros e insista en que justifiquen su respuesta.

2 c. ¿Cuáles de estas palabras se refieren a un libro, a una película o a los dos?

Objetivo
Repasar y ampliar vocabulario para hablar del género, el argumento y los personajes de un libro o una película.

Procedimiento
- Pida a los alumnos que escriban las palabras de la lista en la columna correspondiente.
- Pida a un voluntario que le diga las palabras que ha escrito en la columna "libro" y pregunte al resto de la clase si están de acuerdo. Proceda de la misma manera con las columnas restantes.

Observación
La tarea de clasificar el vocabulario en diferentes categorías es especialmente adecuada para aquellas personas que tienen una inteligencia naturalista especialmente desarrollada. Usar una tabla también facilita la tarea de memorizar vocabulario a las personas con un estilo de aprendizaje visual.

2 d. ¿Ha visto alguna película basada en uno de los libros del catálogo? ¿Qué tal?

Objetivo
Práctica oral libre personalizada para hablar de libros que se han adaptado al cine o la televisión.

Procedimiento
- Pregunte a los alumnos si han visto alguna película basada en uno de los libros del catálogo y si les gustó más el libro o la película y por qué.
- Si nadie responde, quizás pueden decir el nombre de alguna película que han visto y que está basada en un libro.

3 ¿Qué libro o película es?

Objetivo
Práctica oral lúdica de los recursos para hablar de libros y películas.

Procedimiento
- Pida a los alumnos que preparen un breve resumen, de no más de tres frases, del argumento de un libro o una película. Para ello, indíqueles que pueden utilizar los recursos que aparecen en la columna derecha.

- Cuando todos hayan acabado, forme grupos de cuatro personas.
- En los grupos, cada persona explica el argumento del libro o película con ayuda de sus notas y los otros intentan adivinar el título. Si no lo adivinan, no deben revelar aún la solución, sino esperar a presentar la adivinanza en el pleno.
- Al final, cada grupo presenta al resto de la clase los libros o películas que no se habían adivinado y los otros grupos intentan adivinarlos.

Observación
Si no quiere que siempre acaben trabajando juntas las mismas personas, puede escribir en tarjetas tantos géneros literarios o cinematográficos como grupos de cuatro personas pueda formar en clase y colgarlas en diferentes lugares de la clase. Pida a los alumnos que se distribuyan según su género favorito. Si el grupo ya está completo, tendrán que pasar al siguiente género de su preferencia y así hasta que se formen todos los grupos.

Para ampliar
Muchas de las librerías con un catálogo en línea ofrecen a los usuarios la posibilidad de comentar los libros que venden. Pida a los alumnos que escriban un comentario sobre alguno de los libros del catálogo. Si no han leído ninguno de este catálogo, pueden simplemente elegir uno de los últimos libros que hayan leído.

¿Cómo nace un libro?

Objetivos
- Introducir el uso de la voz pasiva y repasar la forma y uso de la pasiva refleja.
- Repasar el uso del futuro para formular suposiciones.
- Interpretar un fragmento de un libro.
- Hablar del proceso de creación de un libro.
- Comentar experiencias y diferencias culturales relacionadas con el tema de las llamadas telefónicas.

4 a. ¿Cómo nace un libro? Ponga los pasos en el orden correcto.

Objetivos
- Comprensión lectora detallada.
- Introducir de forma significativa la voz pasiva.

Procedimiento
- Para despertar el interés de los alumnos y como tarea de prelectura, puede escribir en la pizarra lo siguiente:

> *autor/-a* → *lectura del libro*

- Pídales que se imaginen los pasos que hay en el proceso de creación de un libro, desde que al autor se le ocurre una idea hasta que tenemos el libro en nuestras manos.
- A continuación, propóngales que pongan los pasos de la lista que hay en el libro en el orden correcto.
- Pasado un tiempo, haga una puesta en común en el pleno para comprobar los resultados y aproveche para preguntar si sus hipótesis del principio se corresponden con los pasos que acaban de ordenar.

4 b. En algunas de las frases anteriores aparece la voz pasiva. ¿Cómo se forma?

Objetivo
Sistematizar la voz pasiva y repasar la pasiva refleja.

Procedimiento
- Pida a los alumnos que vuelvan a leer las frases de la actividad anterior, que se fijen en las formas verbales y que completen las frases de la tabla.
- En un segundo paso, propóngales que, teniendo en cuenta los ejemplos, completen la regla que hay en el margen derecho.

Observación
Es importante que insista en que en la voz pasiva el participio funciona como un adjetivo, es decir, concuerda en género y número con el sujeto. En cambio, cuando el participio se usa para formar el pretérito perfecto, entonces es invariable.

4 c. La historia de los libros. Resúmala utilizando la voz pasiva.

Objetivo
Práctica escrita de la voz pasiva.

Procedimiento
- Comente a los alumnos que en el recuadro tienen algunos de los acontecimientos más importantes de la historia del libro. Aproveche para resolver las dudas de vocabulario, si las hay.
- Pídales que de forma individual o en parejas utilicen esos acontecimientos para escribir un

5 ¿Papel o pantalla?

resumen de la historia del libro y que usen para ello en sus frases la voz pasiva.

Para ampliar
Escriba en la pizarra el siguiente título: *Los grandes inventos de la humanidad*. Anime a los alumnos a que le digan el nombre de varios objetos y escríbalos en la pizarra. Propóngales como tarea para casa que busquen información sobre uno de los objetos mencionados y que preparen un resumen de su historia, como en el ejemplo del libro. En la próxima clase, cada alumno presenta la historia del objeto que ha elegido y los otros intentan adivinar de qué se trata.

5 a. 'Entre dos aguas'.

Objetivos
- Hacer suposiciones sobre el argumento de un libro a partir del título.
- Repasar el uso del futuro para formular hipótesis.
- Preparar la comprensión auditiva de 5b.

Procedimiento
- Dirija la atención de los alumnos hacia la imagen del libro que hay en el margen izquierdo y pídales que se fijen en todos los elementos de la portada: el título, la imagen, el fondo, etc.
- Déjeles tiempo para que de forma individual hagan hipótesis sobre las preguntas de la actividad.
- Después, en parejas o en el pleno, anime a los alumnos a que expliquen sus hipótesis a los compañeros.

Para ampliar
Con ayuda de las hipótesis que más se han repetido, proponga a los alumnos que hagan una breve sinopsis del libro. Esta versión podrán compararla después de la comprensión auditiva de la actividad 5b.

5 b. Una entrevista con Rosa Ribas. 18

Objetivo
Comprensión auditiva global.

Procedimiento
- Explique a los alumnos que van a escuchar la primera parte de una entrevista a Rosa Ribas, la autora del libro *Entre dos aguas*, en la que encontrarán las respuestas a las preguntas de la actividad anterior.
- Ponga la audición una vez y pida a los alumnos que tomen nota de las palabras clave.
- Deles la posibilidad de escuchar la audición al menos una vez más para que puedan comprobar sus notas y comparar las respuestas de la autora con sus hipótesis.

Solución
1. Es una novela policíaca.
2. La historia tiene lugar en Fráncfort.
3. El tema es la investigación de un asesinato.
4. La protagonista es una comisaria, hija de un alemán y una emigrante gallega.

Información
Rosa Ribas nació en El Prat de Llobregat (Barcelona) en 1963 y vive en Fráncfort. Doctora en Filología Hispánica, ha ejercido como docente universitaria en Barcelona y Alemania. Es autora de las novelas *El pintor de Flandes*, *Entre dos aguas* (traducida al alemán con el título *Kalter Main*), *Con anuncio* (traducida al alemán con el título *Tödliche Kampagne*), *La detective miope* y *En caída libre* (traducida al alemán con el título *Falsche Freundin*). Además, es autora de materiales didácticos, entre ellos el manual *Con gusto*.

5 c. Escuche la segunda parte de la entrevista y tome nota de lo que dice Rosa Ribas. Con la información de las dos partes conteste estas preguntas. 19

Objetivo
Comprensión auditiva selectiva.

Procedimiento
- Explique a los alumnos que van a escuchar la segunda parte de la entrevista.
- Pídales que lean las preguntas y anímelos a comentar en el pleno las que puedan contestar con la información que tienen de la primera parte.
- A continuación, pueden subrayar las palabras a las que tienen que prestar atención en esta parte para contestar a las preguntas restantes.
- Ponga la audición al menos dos veces y deje tiempo para que los alumnos, de forma individual o en parejas, preparen sus respuestas.
- Haga una puesta en común en el pleno para comprobar las respuestas.

Solución
- Ha elegido la novela policíaca porque le pareció el género adecuado para la historia que quería contar, una historia donde el tema social es muy importante.
- Quiere tematizar la vida de los emigrantes, los conflictos interculturales y la convivencia entre diferentes generaciones.

- En este caso puso el título al final. Se dio cuenta de que el tema de estar entre dos mundos era uno de los temas más importantes en la novela.
- La fuente de inspiración son estudiantes suyos binacionales, hijos de españoles nacidos en Alemania y emigrantes que viven en la ciudad.
- Cornelia es valiente, sensible y muy generosa: una mujer que tiene conflictos y dudas, pero a la vez es una gran profesional, una buena policía y una buena persona.
- La relación con la madre es un poco complicada. Ella es como una voz que siempre le dice que tiene que recordar que también es española y no solo alemana.

Para ampliar

Anime a los alumnos a visitar la página web de la autora a través del enlace que hay en *congusto online*. Pueden tomar nota de algún aspecto interesante de su biografía y comprobar qué obras ha escrito hasta ahora. Quizás, después de trabajar un poco más con la novela en las siguientes actividades, se animan a contactar con ella y a darle su opinión. También pueden preparar entre todos los alumnos una pequeña entrevista de unas cinco o seis preguntas y enviárselas por correo electrónico.

6 a. 'Llamadas nocturnas'.

Objetivo

Práctica oral libre sobre experiencias y diferencias culturales relacionadas con el tema de las llamadas telefónicas.

Procedimiento

- Comente a los alumnos que uno de los capítulos del libro se llama *Llamadas nocturnas*. Pregúnteles a partir de qué hora consideran que es ya tarde para hacer una llamada o recibirla.
- En grupos de tres o cuatro, deje tiempo para que hablen sobre las preguntas de la lista.
- Al final, cada alumno cuenta al resto de la clase un aspecto que le ha llamado la atención.

6 b. Madre e hija al teléfono.

Objetivo

Comprensión lectora global.

Procedimiento

- Como tarea de prelectura, pida a los alumnos que lean las frases que corresponden a distintos momentos de la escena que van a leer.
- Después, invítelos a leer el texto y pídales que ordenen las frases que habían leído previamente.
- Por último, haga una puesta en común en el pleno para comprobar los resultados.

Observación

Mientras los alumnos leen el texto, usted también puede leerlo en voz alta. De esta manera, se evita que los alumnos se concentren en las palabras que no conocen y así prestan más atención a lo que sí entienden.

6 c. Leer entre líneas.

Objetivo

Comprensión lectora detallada.

Procedimiento

- Pregunte a los alumnos si conocen la expresión *leer entre líneas* y anímelos a que la expliquen con sus propias palabras. Acláreles que se trata de leer y buscar explicaciones más allá del propio texto.
- Pídales que vuelvan al texto y que subrayen las partes que les ayudan a contestar las preguntas.
- Después, en el pleno o en grupos de cuatro o cinco personas, deles tiempo para que comenten sus respuestas.

Para ampliar

Para repasar la descripción de personas y de lugares, proponga a los alumnos que preparen la filmación del fragmento que acaban de leer para una serie de televisión. Para ello tienen que escribir como parte del guion la descripción de las dos mujeres y de los lugares en los que están.

El libro del futuro

Objetivos
- Repasar y ampliar los recursos para ordenar ideas, añadir información y contraponer argumentos.
- Introducir el futuro perfecto para hablar de hechos terminados en el futuro.
- Repasar y ampliar recursos para expresar probabilidad.
- Hablar del libro y las nuevas tecnologías.
- Repasar la pasiva con *estar* más participio perfecto.

5 ¿Papel o pantalla?

7 a. ¿Libro o e-book?

Objetivo
Activar vocabulario relacionado con los libros tradicionales y los electrónicos.

Procedimiento
- Compruebe que los alumnos conocen todas las palabras y pídales que las clasifiquen dependiendo de si las relacionan con un libro de papel, con un libro electrónico o con los dos.
- En parejas, comparan sus respuestas y después se hace una puesta en común en el pleno en la que explican su decisión.

Observación
Si usted o uno de los alumnos tiene un *e-book*, sería buena idea llevarlo a clase y mostrarlo. Así, las personas que no lo conozcan pueden hacerse una idea de cómo funciona y qué aplicaciones tiene.

7 b. ¿Le gustaría tener un libro electrónico? ¿Por qué sí? ¿Por qué no?

Objetivo
Práctica oral personalizada sobre preferencias en la forma de leer.

Para empezar
Para que puedan argumentar mejor sus respuestas y no quedarse en un simple *sí* o *no*, puede pedirles que piensen en una ventaja y una desventaja de los libros electrónicos. Después, los alumnos van presentando sus ideas.

Procedimiento
- Por turnos, los alumnos explican al resto de la clase por qué les gustaría o no tener un libro electrónico.
- Invite a algún estudiante que tenga uno a que comente su experiencia en el pleno.

8 a. El libro del futuro ya está aquí.

Objetivos
- Comprensión lectora global.
- Presentar en un contexto significativo los recursos para ordenar, añadir y contraponer ideas.
- Repasar la pasiva con *estar* + participio perfecto.

Procedimiento
- Pida a los alumnos que lean los comentarios que han hecho dos personas a un artículo en un periódico digital sobre el futuro del libro.
- Pídales que subrayen en el texto los ejemplos que encuentren de voz pasiva con *estar* y participio perfecto. Recuérdeles que en esta construcción el participio concuerda con el sujeto, mientras que en el pretérito perfecto es invariable. Señáleles los ejemplos que aparecen en la columna izquierda.
- Después, pregúnteles con qué opinión sobre el futuro del libro se identifican más y por qué.

Alternativa
Entregue a los alumnos una fotocopia de los comentarios en la que haya eliminado los conectores para que ellos los completen. Así tendrán la oportunidad de fijarse en las relaciones lógicas que hay entre las frases y decidir qué tipo de conector sería el adecuado en cada caso. Evidentemente no tienen que usar los conectores que están en la versión original del texto, lo importante es que comprueben que tienen suficientes recursos para completarlo con éxito.

8 b. En los textos aparecen las expresiones para conectar las frases *en cursiva*. Clasifíquelas.

Objetivo
Sensibilizar a los alumnos sobre el uso y función de los conectores.

Procedimiento
- Pida a los alumnos que vuelvan a leer los textos y que escriban en la columna adecuada los conectores que aparecen en cursiva.
- Haga una puesta en común en el pleno y aproveche para preguntar si pueden decirle más conectores para cada una de las categorías.

8 c. ¿Puede completar estas opiniones con los conectores que faltan?

Objetivo
Fijar los recursos para ordenar, añadir y contraponer ideas.

Procedimiento
- De forma individual, los alumnos completan las opiniones con los conectores que han visto en la actividad anterior.
- A continuación, pida a varios voluntarios que lean por turnos una de las frases para comprobar.

Para ampliar
Tome, por ejemplo, la primera parte de la frase 1 y escriba después varios conectores al lado. La tarea de los alumnos consiste en continuar la frase teniendo en cuenta la relación lógica que marca cada uno de los conectores.

> Yo necesito tranquilidad para leer
>
> también
> sin embargo
> incluso
> mientras
> además
> pero

8 d. Escriba tres frases sobre sus hábitos de lectura utilizando conectores.

Objetivo
Práctica escrita personalizada del uso de los conectores.

Procedimiento
- Pida a los alumnos que piensen en sus hábitos de lectura: *¿Dónde leen? ¿Cómo les gusta leer? ¿Qué tipo de lectura prefieren? ¿Cuántos libros compran de media? ¿Van a la biblioteca?*, etc.
- A continuación, escriben tres frases sobre estos hábitos utilizando conectores, tal y como se muestra en la frase modelo.
- Al final, en el pleno, cada alumno lee una de sus frases y un compañero de la clase reacciona, mostrando acuerdo o desacuerdo y dice a su vez una frase. Así, hasta que hayan participado todos.

9 a. El futuro del libro.

Objetivo
Presentar las formas del futuro perfecto y su uso.

Procedimiento
- Comente a los alumnos que seguramente se hayan fijado en que en los comentarios de los lectores del periódico digital hay un nuevo tiempo verbal.
- Pídales que se fijen en la tabla y que busquen en el texto las formas que faltan para completarla. Pregúnteles en qué contexto creen que se usa este tiempo; a partir de los ejemplos del texto deben constatar, si es necesario con su ayuda, que se usa para referirse a acciones terminadas en el futuro.
- Después, los alumnos completan la regla para formar el futuro perfecto que tienen en el margen derecho.

9 b. Imagine el mundo en el año 2025. ¿Qué habrá cambiado? ¿Qué será diferente?

Objetivo
Práctica escrita y oral controlada del futuro perfecto para hablar de acciones terminadas en el futuro.

Procedimiento
- Pida los alumnos que se imaginen cómo será el mundo en el año 2025 y que escriban algunas frases basándose en los aspectos que se proponen.
- Recuérdeles los recursos que tienen en el margen derecho para expresar probabilidad y anímelos a que los usen en sus respuestas.
- Divida la clase en grupos de tres y dígales que comparen sus pronósticos.
- Hagan una puesta en común y valoren si la clase tiene, en general, una actitud optimista o pesimista.

Para ampliar
Pida a los alumnos que observen a sus compañeros durante un minuto y que comenten después algo que les ha llamado la atención de uno de ellos. Por ejemplo: *Ute tiene hoy el pelo diferente*. Los otros hacen hipótesis sobre lo que ha podido pasar: *Probablemente habrá ido a la peluquería*. El turno pasa a la persona que ha acertado y así hasta que todo el mundo haya participado.

10 Un concurso.

Objetivo
Práctica escrita y oral lúdica.

Procedimiento
- Divida la clase en dos grupos y propóngales que hagan una lista de diez preguntas sobre el mundo del cine, la literatura y la música.
- Decidan juntos si para cada una de las preguntas se van a dar varias opciones de respuesta (a, b y c) o no. También es importante que negocien las reglas de juego: si cada vez el turno de respuesta pasa a una persona diferente del grupo o tienen un portavoz, cuánto tiempo tienen para responder, qué ocurre si no se acierta la respuesta, etc.
- Déjeles tiempo para trabajar y después organice el concurso. Usted se encargará de ir anotando la puntuación.

Tarea final. Revista "Cine y letras"

Objetivo
Práctica oral y escrita de los contenidos y recursos de la unidad en un contexto personalizado auténtico.

5 ¿Papel o pantalla?

Procedimiento
- Explique a los alumnos que van a preparar juntos el próximo número de la revista *Cine y letras* que cada mes informa sobre las novedades del mundo del cine y la literatura.
- Forme cuatro grupos. Tenga preparadas cuatro tarjetas con el nombre de las secciones: reseñas, recomendaciones, novedades y entrevistas. Ponga las tarjetas boca abajo y pida a un voluntario de cada grupo que tome una.
- Cada grupo redacta el texto para su sección. En el caso de la entrevista, basta con que escriban las preguntas, pero si quieren pueden imaginarse también las respuestas.
- Al final, se juntan todas las secciones y se hace la revista del mes.
- Si es posible, fotocopie para cada alumno un ejemplar de la revista para que puedan leerla. Si lo desea, entregue también a cada alumno una fotocopia de la ficha 9 (pág. 114) para que comenten en ella qué sección les ha interesado más y por qué.
- En el pleno, los alumnos explican qué sección les ha parecido la más interesante y piden más información a los compañeros que han escrito el artículo.

Amor imposible

Objetivos
Comprensión lectora global y detallada, comprensión auditiva global y práctica escrita.

Capítulo 4: Encuentro secreto ▶▶ 20

Procedimiento
- Pida a los alumnos que lean el texto con la tarea que les ha dado su "jefa" para esta semana.
- Después, los alumnos escriben las frases en el lugar que creen conveniente para que el diálogo tenga sentido.
- A continuación, ponga la audición una vez para que los alumnos puedan comprobar el orden correcto. Puede detener la audición después de la última frase del diálogo que tienen en la actividad y comentar el orden correcto del diálogo antes de escuchar el resto de la audición.
- Al final, pregunte a los alumnos si creen que la relación entre Amalia y Sergio va a ser fácil y por qué Marta está preocupada por su hermana.
- Recuérdeles que preparen el resumen del capítulo.

Solución
M: ¿Te encuentras hoy otra vez con Sergio?
A: Sí.
M: Es la segunda vez esta semana.
A: Sí, lo sé. ¿Y qué?
M: Pues que es jueves. Y la semana pasada saliste con él tres veces.
A: ¿Llevas una cuenta de cuántas veces salgo con la gente?
M: No, solo de cuántas veces sales con Sergio.
A: Estamos componiendo juntos.
M: Claro. Y para componer necesitas siempre ponerte tu mejor ropa y arreglarte.

Con sabor

Objetivo
Comprensión lectora y práctica oral para presentar un producto típico del mundo hispanohablante: el maíz.

Procedimiento
- Muestre las fotos de los diferentes productos y pregunte a los alumnos si los han probado.
- A continuación, pídales que lean el texto sobre el maíz sugiérales que encuentren un título para cada uno de los párrafos.
- Propóngales que para la próxima semana hagan en casa una lista con productos que tengan maíz.
- Pregúnteles si conocen a otros escritores latinoamericanos que han recibido el Premio Nobel de literatura, como por ejemplo Gabriel García Márquez, Pablo Neruda, Gabriela Mistral, Octavio Paz o Miguel Ángel Asturias.
- Comente con ellos si se fijan en la etiqueta de los productos que compran y si evitan los productos transgénicos.
- Después, en grupos, los alumnos preparan una lista de argumentos a favor o en contra de los productos transgénicos. En el pleno, explican si la mayoría del grupo está a favor o en contra y por qué.
- Anímelos a que busquen en internet el nombre de especialidades gastronómicas con maíz de diferentes países hispanohablantes. Hagan una lista con todas las posibilidades y sugiérales que prueben alguna de ellas durante las próximas semanas. Las personas que lo hagan, pueden explicar al resto de compañeros qué tomaron y si les gustó o no.

Con gusto y sabor 6

1 a. Mire el póster durante un minuto.

Objetivo
Práctica oral para activar conocimientos previos con una imagen e introducir el tema de la unidad: los sentidos.

Para empezar
Pida a los alumnos que abran el libro por la página 53 y que alejen la imagen todo lo que puedan. Pregúnteles qué ven. Desde lejos se puede apreciar la imagen de una vid: las hojas, el tronco y las raíces.

Procedimiento
- Diga a los alumnos que vayan acercándose ahora poco a poco la imagen y que se fijen en todos los detalles.
- Pasado un minuto, haga una señal y pida a los alumnos que cierren el libro y que escriban en sus cuadernos todos los objetos que recuerdan. Dé un tiempo máximo, por ejemplo un minuto, para escribir la lista y darle así un carácter de concurso.
- Después, de manera individual, cada alumno clasifica sus palabras en diferentes categorías, que pueden elegir libremente. Es importante que les dé la posibilidad de hacer sus propias asociaciones, ya que la manera de almacenar información en la memoria a largo plazo es muy personal.
- Después, en parejas, los alumnos comparan sus listas y las formas de agrupar las palabras. Al final en el pleno, cada pareja presenta las categorías que han usado y dicen cuántas palabras han recordado.

Observación
Esta actividad está pensada para los alumnos con una inteligencia visual especialmente desarrollada. Además, la tarea de clasificar los objetos es siempre bien recibida por los alumnos con una inteligencia naturalista más desarrollada.

Para ampliar
Señale el eslogan de la campaña cultural y pregunte cómo se relacionan los cinco sentidos con el vino. Aproveche para introducir las palabras *vista*, *oído*, *olfato*, *gusto* y *tacto*.

1 b. Escuche a una persona en su trabajo.

Objetivo
Comprensión auditiva global.

Procedimiento
- Ponga la audición una vez y pida a los alumnos que cierren los ojos para concentrarse mejor.
- Invite a los alumnos a que le digan las palabras que han entendido y anótelas en la pizarra.
- Ponga de nuevo la audición y después pregunte qué profesión tiene la persona y cuáles son sus instrumentos de trabajo.

Solución
Se trata de un catador de vino (Weinverkoster). Sus instrumentos de trabajo son los ojos, la nariz y la boca.

Para ampliar
Proponga a los alumnos que preparen un texto en el que expliquen lo que hacen en su trabajo basándose en el ejemplo que han escuchado. Para ello pueden consultar la transcripción. Lo importante es dar información sobre lo que oyen, ven, huelen, tocan y saborean. Después, leen sus textos y el resto de la clase adivina la profesión. Si el grupo se conoce desde hace tiempo y saben de antemano la respuesta, puede decirles que piensen en una profesión que les gustaría tener.

Con todos los sentidos

Objetivos
- Hablar de los cinco sentidos.
- Hablar de olores, sabores, aspecto, sonido, forma y textura.
- Repasar las frases relativas e introducir el uso de los pronombres relativos con preposición.
- Dar una definición como estrategia para compensar un problema de vocabulario.

6 Con gusto y sabor

2 a. Lea el artículo y busque las palabras para completar la tabla sobre los sentidos.

Objetivo
Comprensión lectora selectiva para presentar y ampliar vocabulario sobre los sentidos.

Procedimiento
- Lea primero en voz alta el título y la entradilla del artículo y pregunte a los alumnos si conocen la respuesta a esas preguntas. Explique que las respuestas se encuentran en el texto que van a leer a continuación y que la función de una entradilla es despertar el interés.
- Después, los alumnos leen el artículo y buscan todas las palabras relacionadas con los sentidos que necesitan para completar la tabla.
- Pida a varios voluntarios que por turnos lean las palabras que han encontrado para cada uno de los sentidos y comenten después las respuestas para las preguntas de la entradilla.

2 b. ¿Qué otras palabras del texto se pueden relacionar con cada sentido?

Objetivos
- Fijar vocabulario sobre los sentidos.
- Comprensión lectora detallada.

Procedimiento
- Entregue a cada alumno una fotocopia de la ficha 10 (pág. 114) y dibuje en la pizarra un mapa mental utilizando los símbolos del libro o tenga preparada una transparencia.

- Pida a los alumnos que vuelvan a leer el artículo, que busquen otras palabras que se pueden relacionar con cada sentido y las apunten en el mapa mental.
- Al final, los alumnos van leyendo las palabras que han seleccionado y usted las apunta en la pizarra o la transparencia.

Alternativa
Forme cinco grupos y pida a los alumnos que completen el mapa de la pizarra con las palabras del texto y otras que ellos conozcan. Para hacer una puesta en común en el pleno, pida a un voluntario de cada grupo que se levante y escriba las palabras que han seleccionado para uno de los sentidos y así sucesivamente, hasta tener completos todos. Si algún grupo tiene palabras diferentes, puede decírselas a usted para ampliar el mapa mental.

Observación
El tener que levantarse para hacer una actividad no debe considerarse una pérdida de tiempo. De hecho, la oportunidad de moverse por la clase es muy importante para los alumnos con inteligencia espacial muy desarrollada.

2 c. ¿Cuál de los sentidos les parece el más importante?

Objetivo
Práctica oral libre sobre los sentidos.

Procedimiento
- En un primer paso, los alumnos, de manera individual, deciden qué sentido es el más importante y por qué. Para ello, pueden ordenar los sentidos de mayor a menor importancia.
- Después, en grupos de tres, cada persona explica qué sentido le parece más importante y comenta su decisión con ejemplos. Pídales que comenten también qué significa *el sexto sentido* y que entre los tres lleguen a una definición.
- En el pleno, un portavoz de cada grupo explica qué sentido les parece el más importante y a qué definición han llegado para describir *el sexto sentido*.

3 ¿Qué tal su sentido del tacto? ¿Sabe leer con el cuerpo?

Objetivo
Práctica oral lúdica sobre el sentido del tacto.

Procedimiento
- Forme parejas y pida a los alumnos que se sienten dándose la espalda. Si lo prefiere y tiene la posibilidad en su aula, coloque las sillas en el centro y forme dos filas, de manera que los alumnos se den la espalda al sentarse.
- Cada persona piensa en un palabra. Después, por turnos, "escriben" la palabra que han pensado en la espalda de su compañero, que intenta identificarla.

- Al final, en el pleno, cada alumno comenta qué sensaciones ha tenido, si le ha sido fácil identificar la palabra o no.

Observación
Si nota que hay reticencias por parte de algunos alumnos a esta actividad, no les obligue. De todos modos, explíqueles el objetivo de la actividad: desde el comienzo de la unidad hay actividades para descubrir qué sentido se tiene más desarrollado y esta se ha pensado para el sentido del tacto.

4 a. Escuche algunas palabras. ¿Con qué sentido se asocia cada una? ▶▶ 22

Objetivos
- Comprensión auditiva detallada.
- Clasificar vocabulario basándose en asociaciones personales.

Procedimiento
- Explique a los alumnos que van a escuchar unas palabras aisladas y que tienen que colocarlas en una de las columnas según el sentido o sentidos con que las relacionen.
- Ponga la audición una vez, si es posible, haciendo una breve pausa entre palabra y palabra.
- Deje tiempo para que los alumnos escriban las palabras en las columnas y ponga de nuevo la audición.
- Después, en el pleno, pregunte a los alumnos qué palabras han puesto en cada columna y comparen sus impresiones.

Alternativa
Puede realizar la actividad de otra forma para que los alumnos averigüen si recuerdan más palabras después de ver una imagen o de escucharlas. Explíqueles que van a escuchar una serie de palabras y ponga la audición una vez. A continuación, pídales que escriban las palabras que recuerden. Ponga la audición de nuevo o lea usted mismo las palabras en voz alta para que comprueben cuántas han recordado tras oírlas una sola vez. Luego, pregúnteles si recordaron más palabras del cartel de la página 53 o con esta actividad. Por último, proceda con la clasificación de las palabras, tal y como se propone en el libro.

4 b. En parejas. Busquen en cinco minutos el máximo de cosas que...

Objetivos
- Activar vocabulario a través de diferentes asociaciones.
- Practicar los recursos para hablar de percepciones.

Procedimiento
- Forme parejas e intente que trabajen juntas personas con gustos diferentes o estilos de aprendizaje distintos.
- Explique a los alumnos que tienen cinco minutos para buscar objetos con las características que se mencionan en el libro. Aproveche este paso para resolver las posibles dudas de vocabulario.
- Pasados los cinco minutos, empiece, por ejemplo, con la característica *huele mal*, y pregunte a las parejas cuántas palabras tienen. La pareja que más palabras tenga, lee sus propuestas y usted las escribe en la pizarra. Proceda de la misma forma con el resto de categorías.
- Anime a los alumnos a completar las categorías con las palabras de sus listas que no se hayan mencionado.
- Llámeles la atención sobre las formas irregulares de los verbos *oler* y *oír*.

Para ampliar
Para practicar los recursos anteriores de una forma lúdica, puede realizar la siguiente actividad. Prepare en casa una bolsa o una caja con diferentes objetos, tantos como alumnos tenga en clase, y tome un pañuelo. En clase, los alumnos por turnos y con los ojos cerrados o tapados con el pañuelo meten la mano en la bolsa o en la caja, describen el objeto que sacan y dicen lo que es. Los compañeros confirman si es verdad o no.

4 c. Cierre los ojos y piense en una de las siguientes situaciones. ¿Qué sabores, olores, sonidos o sensaciones le vienen a la memoria? Coméntelo con sus compañeros/-as.

Objetivo
Práctica oral personaliza sobre percepciones.

Procedimiento
- Presente a los alumnos las cuatro situaciones y pídales que cierren los ojos y que piensen en los sabores, olores, sonidos o sensaciones que asocian a una de las situaciones.
- Pasado un tiempo, pídales que escriban en sus cuadernos las sensaciones que han recordado y que después las comenten en grupos de tres o cuatro.

6 Con gusto y sabor

- Después, en el pleno, cada grupo explica al resto de la clase qué sensaciones (sabores, olores, sonidos o sensaciones) se han repetido más en el grupo.

Observación
Todas las actividades en las que se pide a los alumnos que piensen en aspectos relacionados con sus recuerdos, experiencias, gustos y preferencias están pensadas para activar su inteligencia intrapersonal y para que hablen de aspectos directamente relacionados con ellos. Esto resulta muy motivador, puesto que cuando se parte de la experiencia personal, todo el mundo siente que tiene algo que decir.

5 a. Lea las definiciones y complete con el sentido u órgano correspondiente.

Objetivo
Repasar las frases relativas e introducir el uso de los pronombres relativos con preposición.

Procedimiento
- Presente a los alumnos el cuadro que aparece a la derecha y recuérdeles la diferencia entre el uso de *que* y *donde* en las oraciones de relativo.
- A continuación pida a los alumnos que completen las frases con el sentido u órgano al que corresponde la definición.
- La persona que acabe primero dice *basta* y lee las definiciones.
- Llámeles la atención sobre las palabras que están en negrita y pídales que expliquen qué ocurre cuando el pronombre *que* va con una preposición.

Observación
Aquí se presenta la reflexión gramatical a través de ejemplos que completan los propios alumnos para luego deducir a partir de ellos la regla de uso. Este mecanismo les permite concentrarse primero en el significado e ir de lo conocido a lo desconocido y así construir conocimiento.

5 b. Complete las frases. Luego, en grupos de tres, comenten los resultados.

Objetivo
Práctica oral controlada para fijar el uso del pronombre relativo con preposición.

Procedimiento
- Los alumnos completan las frases según sus experiencias personales.
- Después, en grupos de tres, comentan los resultados. Anímeles a que no se limiten a decir el nombre de las palabras, sino que expliquen un poco sus experiencias.
- Al final, en el pleno, cada persona del grupo comenta una información que le ha llamado la atención de alguno de sus compañeros.

5 c. ¿Hay nombres de objetos que no sabe en español y le gustaría saber?

Objetivo
Práctica oral libre para trabajar la estrategia de dar definiciones y las oraciones de relativo con preposición.

Procedimiento
- Recuerde a los alumnos que una buena estrategia cuando no se sabe o no se recuerda una palabra es definirla. Aproveche para repasar las palabras "comodín" como: *objeto, cosa, animal, lugar, instrumento* o *aparato*.
- Pida a los alumnos que piensen en una palabra que no saben en español, pero que les gustaría saber.
- Después, por turnos, cada persona describe la palabra y usted intenta adivinarla. Dé también la oportunidad al resto de la clase de ayudar a su compañero si saben de qué palabra se trata.

Alternativa
Para facilitar a los alumnos la elección de la palabra que les gustaría saber decir en castellano, puede recurrir, por ejemplo, a la foto de una casa y pedir a los alumnos que "recorran" las habitaciones y piensen en qué palabra les gustaría saber. Anímelos a que después de dar su definición, expliquen por qué han elegido esa palabra.

Con más de un sentido

Objetivos
- Ampliar vocabulario relacionado con los sentidos.
- Repasar y ampliar los conectores para expresar causa, fin y consecuencia.
- Hablar de música.

6 a. ¿Le gusta ir al zoo? ¿Por qué (no)? ¿Cuándo fue la última vez?

Objetivo
Activar vocabulario y conocimientos previos para preparar la comprensión lectora de la actividad 6b.

Procedimiento
- Para empezar, si tiene la posibilidad de tomar o imprimir un folleto del zoo de su ciudad o de un zoo famoso del país, llévelo a clase y pregunte a los alumnos si les gusta ir al zoo y por qué (no).
- Después, los alumnos, en pequeños grupos, comentan el resto de las preguntas de la actividad.
- Al final, en el pleno, un portavoz de cada grupo resume al resto de la clase lo que dijeron sus compañeros.

6 b. Lea este artículo y marque todas las palabras relacionadas con los sentidos.

Objetivo
Comprensión lectora selectiva para ampliar vocabulario sobre los sentidos.

Procedimiento
- De manera individual, los alumnos leen el resto del texto y marcan las palabras relacionadas con los sentidos.
- Durante la lectura, aclare las posibles dudas de vocabulario y procure usar una estrategia diferente a la de la traducción: dar un sinónimo, dar una definición o incluso la mímica.
- Pida a los alumnos que comparen las palabras que han marcado con las que tenían en la tabla de la página 54. En un siguiente paso, pueden escribir las que sean nuevas para completar el campo semántico de los sentidos.
- Por último, haga una puesta en común en el pleno para comprobar el vocabulario que se ha añadido.

6 c. Relacione las partes de frases para resumir el texto.

Objetivos
- Comprobar la comprensión lectora.
- Repasar los recursos para expresar causa, fin y consecuencia en un contexto significativo.

Procedimiento
- Deje tiempo a los alumnos para que relacionen las partes de las frases que resumen el texto.
- Por turnos, varios voluntarios dicen en voz alta una frase hasta tener todas las frases completas.
- Señale las palabras que están en negrita y remítalos al cuadro resumen que tienen en el margen izquierdo. Dígales que se trata de palabras que ya conocen, y que en esta ocasión se trabajarán juntas. Pídales que con una línea separen los recursos para expresar causa, fin y consecuencia.

De esta manera ayudará a los alumnos más visuales a fijarse en ellos.
- Insista en las diferencias de uso de *como* y *porque* con ayuda de los siguientes ejemplos. Así podrán deducir por sí mismos que si empezamos nuestra frase con la causa, usamos *como* y si la causa se menciona después, entonces usamos *porque*.

> Como es una de ellos, Lily sabe hacer ver a los que no ven.
>
> Lily sabe hacer ver a los que no ven porque es una de ellos.

- Tematice también la diferencia entre *para* + infinitivo o subjuntivo. Utilice los ejemplos siguientes para mostrarles que todo depende de quién es el sujeto de la frase.

> Los visitantes entran al recinto de las llamas para acariciarlas y darles de comer.
>
> ¿Quién entra al recinto? → Los visitantes.
> ¿Quién acaricia y da de comer a las llamas? → Los visitantes.
>
> Les da un elefante de peluche para que se hagan una idea.
>
> ¿Quién da un peluche? → Lily.
> ¿Quién se hace una idea? → Los visitantes.

6 d. Un juego en parejas: formar frases.

Objetivo
Practicar de forma lúdica los conectores de causa, fin y consecuencia.

Procedimiento
- Explique a los alumnos que van a practicar los conectores con un juego y forme parejas.
- Muéstreles el tablero y comente que en cada casilla hay una frase con un verbo en infinitivo y un símbolo. El símbolo del elefante con un árbol significa que el infinitivo se refiere a los animales, mientras que el símbolo del elefante encerrado en un círculo se refiere al zoo. El juego consiste en formular una opinión sobre el zoo uniendo dos casillas con uno de los conectores que tienen en el margen derecho, como por ejemplo: *El zoo*

6 Con gusto y sabor

hace un trabajo muy útil porque informa sobre los animales y su forma de vivir. El jugador que formula una frase, tacha las casillas que ha usado y a partir de ese momento esas casillas no se pueden usar más. Gana la persona que antes consiga usar tres conectores distintos.

Posible solución
Los zoos tienen una función educativa **porque** informan sobre los animales y su forma de vivir.
Como los animales están siempre encerrados, se ponen agresivos.
Algunos animales están en peligro de extinción, **así que** los zoos contribuyen a la biodiversidad.
Los zoos hacen un trabajo importante **para** estudiar la vida de los animales.
Los animales están encerrados, **por eso** se ponen agresivos.

Alternativa
Para los alumnos con una inteligencia visual y/o cinestética más desarrollada, puede ser una buena idea tener las casillas y los conectores en fichas que puedan tocar y juntar. Para ello, fotocopie la ficha 11 (pág. 115) tantas veces como grupos de tres pueda formar y recorte las tarjetas. En clase, entregue a cada grupo un set de tarjetas y déjeles tiempo para realizar la actividad tal y como se indica en el libro. Después, en el pleno, cada grupo dice al menos una de las frases que ha formado.

7 a. Un reportaje sobre las 'cenas a ciegas' en un restaurante. ▶▶ 23

Objetivo
Comprensión auditiva global.

Procedimiento
- Pregunte a los alumnos si conocen la expresión *cita a ciegas* y si en su idioma tienen esta expresión u otras con la palabra *ciego*. Puede aprovechar para darles ejemplos en castellano como: *el amor es ciego, hacer algo a ciegas*, etc.
- Coménteles que le han regalado un cheque-regalo para ir a una "cena a ciegas" en un restaurante, y que no sabe qué esperar. Probablemente alguno de los alumnos haya tenido esta experiencia o haya oído hablar de ella. Si no, siempre pueden hacer hipótesis.
- Explíqueles que van a escuchar un reportaje sobre las cenas a ciegas en un restaurante.
- Ponga la audición y pídales que tomen notas sobre los aspectos que se mencionan en el libro.

- Antes de volver a escuchar la audición, deje tiempo para que los alumnos comparen sus notas entre ellos.
- Después de escucharla por segunda vez, haga una puesta en común para comentar los resultados.

Solución
los camareros: son todos invidentes. Tienen entre 21 y 34 años y estudian Fisioterapia.
la experiencia de Judit: estaba un poco nerviosa, pero le ha gustado la experiencia. Cuesta un poco poner los cubiertos correctamente en la mesa, saber cómo tomar los platos y las copas. Servir un vino es complicado, pero el resto ha sido fácil.
los objetivos de la iniciativa: ponerse en el lugar de una persona que no ve y despertar los demás sentidos.
las consecuencias: la comida se saborea de un modo diferente, cada sabor es un descubrimiento. Si la iniciativa tiene éxito, continuará después del mes de abril.

7 b. A la guía del zoo le ayuda el oído para orientarse y es muy sensible a los ruidos.

Objetivo
Práctica oral personalizada para hablar del sentido del oído.

Procedimiento
- Pregunte a los alumnos si son personas muy sensibles a los ruidos y si este sentido les ayuda a orientarse.
- Después, para ver qué asocian con diferentes ruidos, pídales que en sus cuadernos hagan una tabla con dos columnas y que en cada una de ellas pongan un emoticón:

☺	☹
lluvia	tráfico
...	...

- Explíqueles que usted va a leer en voz alta unas palabras y que tienen que pensar en el ruido que hacen estas personas o cosas y clasificarlos según les parezcan agradables o desagradables.
- Lea las palabras haciendo una pausa entre ellas para dar tiempo a los alumnos a decidir y escribir la palabra en la tabla. Después comenten los resultados en el pleno, especialmente si en algún caso un ruido ha sido clasificado como agradable

por algunos alumnos y como desagradable por otros. Anímelos a que justifiquen sus opiniones.

7 c. Su profesor lee estas preguntas. Escriba solamente sus respuestas en un papel.

Objetivo
Práctica escrita y oral controlada para hablar del perfil musical.

Para empezar
Seleccione tres o cuatro canciones de estilos muy diferentes. En clase, ponga los primeros segundos de cada una de ellas y pregunte a los alumnos qué sensaciones les producen, qué música les ha gustado más / menos y por qué, qué tipo de música es, qué asocian con ella, etc.

Procedimiento
- Explique a los alumnos que va a leerles en voz alta unas preguntas relacionadas con sus costumbres y gustos musicales para hacerse una idea de su perfil musical. Asegúrese de que todos tienen un papel para escribir las respuestas.
- Lea despacio las preguntas y deje tiempo suficiente entre una y otra para que los alumnos contesten.
- Cuando haya leído todas las preguntas, forme grupos de tres personas. En ese momento, cada alumno pasa su papel al compañero de su derecha.
- Pídales que "estudien" el perfil musical de la persona que les ha dado el papel. Después, por turnos, le explican al otro compañero del grupo esos gustos y preferencias musicales. Para ello, remítalos al cuadro con recursos para hablar de música que tienen en el margen derecho. Si es necesario, el alumno que está explicando el perfil, puede hacer preguntas al que ha escrito sus gustos.
- Al final, aproveche para hablar con ellos de la diferencia entre *oír* y *escuchar*.

¿A qué sabe?

Objetivos
- Repasar y ampliar vocabulario sobre la comida.
- Hablar de comida.
- Repasar recursos para expresar impersonalidad.

8 a. ¿Quién encuentra en tres minutos el máximo de productos, dulces, salados...?

Objetivo
Activar vocabulario relacionado con la comida.

Procedimiento
- Pregunte a los alumnos si recuerdan cuáles son los cuatro sabores básicos que se mencionan en el texto de los sentidos.
- A continuación, muestre a los alumnos el mapa asociativo que tienen en el margen derecho y anímelos a que lo completen en sus cuadernos con todos los productos que recuerden.
- Déjeles tres minutos para ello. Pasado el tiempo, haga una señal y pídales que dejen de escribir.
- Los alumnos cuentan sus palabras y dicen en voz alta el número. La persona que tiene el mayor número de palabras lee en voz alta sus palabras y el resto de la clase las escribe en su mapa conceptual. Al mismo tiempo dibuje usted también el mapa conceptual en la pizarra.
- Anime al resto de alumnos a decirle las palabras que no se repiten y complete el mapa conceptual de la clase.

8 b. Complete estas frases. Luego compare y coméntelas con dos compañeros/-as

Objetivo
Práctica oral controlada para hablar de comida y experiencias relacionadas con los alimentos.

Procedimiento
- Pida a los estudiantes que se tomen un par de minutos para completar las frases que tienen en la actividad.
- Después, forme grupos de tres personas para que comparen y comenten entre ellos las frases.
- Anímelos a usar los recursos que tienen en el margen para hablar de gustos y comidas.

Alternativa
Entregue a cada grupo un juego de tarjetas con las frases y pídales que las pongan boca abajo en la mesa. Cada alumno toma una tarjeta y completa la frase. Así sucesivamente hasta que hayan comentado todos los aspectos.

9 a. ¿Son las hamburguesas de Hamburgo?

Objetivo
Práctica oral controlada para hablar de platos típicos y sus ingredientes.

6 Con gusto y sabor

Procedimiento
En el pleno, pregunte a los alumnos si conocen los platos de la lista e invítelos a que expliquen qué ingredientes llevan. Pregúnteles también si conocen otros platos con el nombre de países o ciudades.

Alternativa
En internet puede encontrar fotos de todos estos platos. Imprímalas y cuélguelas en la pizarra. Invite a los alumnos a acercarse a la pizarra y a observar los platos. Después, los alumnos relacionan el nombre de los platos con su correspondiente foto.

9 b. Sin leer el texto, mire las fotos de los tres platos. ¿Cómo se los imagina?

Objetivo
Práctica oral para preparar la comprensión lectora de 9c.

Procedimiento
- Señale las fotos de los tres platos sin decir el nombre o dar ninguna explicación, ya que eso se verá en la comprensión lectora.
- En el pleno, los alumnos hablan de cómo se imaginan el sabor o la textura de estos platos y de los posibles ingredientes. Pregúnteles qué plato elegirían si estuvieran en un restaurante.

9 c. Lea ahora los textos y marque todos los ingredientes. ¿Cuáles conoce?

Objetivo
Comprensión lectora selectiva.

Procedimiento
- Pida a los alumnos que lean el texto y que marquen todos los ingredientes que encuentren.
- En el pleno, pregunte a los alumnos si las impresiones que habían comentado en 9b se han confirmado.
- Para comprobar los ingredientes, pida a un voluntario que le diga uno. Después el turno pasa a otro compañero que dice otro ingrediente y así sucesivamente hasta que se hayan dicho todos los ingredientes que hay en el texto.
- Dirija su atención hacia la tabla en la que pueden ver cómo se dicen los ingredientes en España y en Latinoamérica. Si tiene tiempo y quiere, puede aprovechar para preguntar a los alumnos si conocen otras palabras que cambian dependiendo de la variedad del español.

Observación
Aunque probablemente no se sorprenderán de estas diferencias, si alguien no entiende bien este fenómeno, dígales que también pueden encontrar ejemplos en sus propios países de productos que se llaman de forma diferente dependiendo de la zona.

9 d. En parejas. Describan un plato de su país o región. Los otros adivinan qué es.

Objetivo
Práctica de los recursos para hablar de comidas: ingredientes y formas de preparación.

Procedimiento
- Antes de empezar, repase con los alumnos el vocabulario sobre las diferentes formas de preparar un plato: *asar, freír, cocer, hervir*, etc. Para ello puede hacer en clase la actividad 11a de la página 140.
- Después, forme parejas y dígales que piensen en un plato de su país o su región y que tomen notas sobre los ingredientes y la forma de prepararse. Si quieren, pueden escribir una descripción como las que tienen en el texto de 9c.
- En el pleno, cada pareja explica su plato y los otros intentan adivinarlo.

Para ampliar
Anime a los alumnos a escribir la receta de un plato que sus familias cocinen desde hace mucho tiempo. Después, una vez corregidas entre todos, pueden mandarlas a la *Deutsche Welle*; en su página web en castellano tienen una sección gastronómica en la que se publican recetas.

9 e. ¿Hay una comida de su país que no suele gustar a los extranjeros?

Objetivo
Práctica oral libre para hablar de comidas desde una perspectiva intercultural.

Procedimiento
- Pregunte a los alumnos si hay alguna comida típica de su país que no guste en general a los extranjeros. Anímelos a que cuenten si alguna vez han invitado a algún familiar, amigo o conocido extranjero a probar comida típica de su país y cuál fue la reacción.
- También puede preguntarles si conocen algún plato típico de otros países que ellos nunca comerían, por ejemplo, las ancas de rana.

6

10 a. Lea esta página web sobre la cocina peruana y busque un título para cada párrafo. Luego entre todos se eligen los mejores títulos.

Objetivos
- Comprensión lectora global.
- Repasar en un contexto significativo los recursos para expresar impersonalidad.

Procedimiento
- Pregunte a los alumnos si han probado alguna vez la comida peruana. Si no es así, propóngales que se imaginen qué productos se usan como ingredientes básicos y qué sabores son los más habituales.
- A continuación, los alumnos leen el texto y buscan un título para cada uno de los párrafos.
- En grupos de cuatro, los alumnos comparan sus títulos y al final deciden cuáles son los más adecuados.
- En el pleno, un portavoz del grupo lee en voz alta sus propuestas y usted las apunta en la pizarra.
- Después, por turnos, los alumnos se levantan y marcan con una cruz los títulos que más les gustan. También pueden decir los títulos en voz alta y usted los marca.
- Al final, los títulos que más votos tengan son los ganadores.

10 b. ¿Cuáles son las informaciones más interesantes para usted?

Objetivos
- Comprensión auditiva selectiva.
- Práctica oral semicontrolada.

Procedimiento
- Pida a los alumnos que vuelvan a leer el texto anterior y marquen tres aspectos que les llamen la atención.
- Después, en grupos, los alumnos comentan estas informaciones. Para ello, un voluntario empieza con una información, después el compañero de la izquierda reacciona con frases del tipo *pues sí que es interesante / a mí no me parece algo nuevo* y añade otra información. Así, sucesivamente hasta que todos los alumnos del grupo hayan participado.
- Para ayudar a los alumnos, puede escribir en la pizarra algunos recursos para reaccionar:

> Pues no lo sabía.
> Eso ya lo sabía.
> Para mí lo más interesante es que...
> Me parece raro / curioso / interesante...

10 c. Fíjese en las expresiones del texto que están *en cursiva* y complete las frases.

Objetivo
Repasar los diferentes recursos para expresar impersonalidad.

Procedimiento
- Pida a los alumnos que vuelvan a leer el texto y que se fijen en las expresiones que están en cursiva para completar las frases de la tabla.
- A continuación, y teniendo en cuenta las expresiones del texto, buscan un ejemplo más para cada caso.
- Los resultados se comentan en el pleno.
- Señale el margen derecho y comente a los alumnos que la voz pasiva tiene los mismos tiempos que la voz activa: presente, pasado y futuro.
- Aproveche también para explicar que la pasiva refleja (se + 3ª persona singular o plural) no se puede usar con los verbos reflexivos : ** En las vacaciones se levanta tarde*. En ese caso se usa la 3ª persona plural o *uno/-a* + 3ª persona: *En las vacaciones uno se levanta tarde*.

Para ampliar
Invite a los alumnos a realizar las actividades de *congusto online* para conocer más aspectos de la cocina peruana.

11 El gusto es nuestro.

Objetivo
Práctica oral libre para hablar de la gastronomía del país.

Procedimiento
- Divida a la clase en grupos de tres personas y explíqueles que van a hablar entre ellos de la cocina de su país. Para ello, han de tener en cuenta los aspectos que se mencionan en la actividad.
- Antes de empezar, cada grupo elige a una persona que hará de secretario y tomará nota de lo que dicen los compañeros.
- Acuerde con ellos un tiempo máximo del que dispondrán para hablar.
- Pasado este tiempo, la persona de cada grupo que ha tomado notas presenta al resto de la clase un resumen de lo que han dicho sus compañeros.

Para ampliar
Con la información que se ha intercambiado en el pleno, proponga a los alumnos que escriban un texto similar al de la cocina de Perú. El título puede ser: *Mi país, mucho gusto*.

63

6 Con gusto y sabor

Tarea final. Nuestra ciudad con todos los sentidos.

Objetivo
Práctica oral y escrita de los contenidos y recursos de la unidad en un contexto personalizado auténtico.

Procedimiento
- Explique a los alumnos que van a preparar un folleto publicitario para su ciudad en el que presenten su propuesta para "una visita con los cinco sentidos".
- Divida la clase en grupos de tres y pídales que hagan una lista con los aspectos de su ciudad que invitan a los visitantes a apreciarla con todos los sentidos. Para inspirarse pueden ir pensando en cómo completar el texto que les sirve de modelo.
- Cuando ya tengan la lista con las diferentes propuestas, invítelos a que planifiquen el folleto. Para ello tendrán que decidir qué fotos quieren incluir y escribir un pequeño texto basándose en el modelo que aparece en la parte derecha de la página. Mientras los grupos trabajan, aproveche para resolver dudas y corregir posibles errores.
- Cuando todos los grupos han terminado, por turnos se presentan los folletos en el pleno. Durante la presentación, los otros grupos pueden hacer preguntas o comentarios.
- Al final, se eligen las mejores propuestas. Recuérdeles la importancia de guardar todos los escritos en su dossier.

Amor imposible

Objetivos
Comprensión lectora global, comprensión auditiva global y práctica escrita.

Capítulo 5: Un diálogo difícil ▶▶ 24

Procedimiento
- Pida a un alumno que lea solo los dos primeros párrafos del texto, en los que se explica la tarea que van a tener que realizar en este capítulo: hacer una lectura dramatizada de una de las escenas de la telenovela. Aclare las posibles dudas de vocabulario.
- En parejas los alumnos se reparten los papeles de Sergio Cortés y Andrés Cortés y ensayan el diálogo. Insista en la importancia de concentrarse en la entonación adecuada y en que le pongan "pasión" al leer.
- A continuación, ponga la audición para que los alumnos puedan escuchar el diálogo completo. Pídales que se fijen en cómo los actores leen la parte del diálogo que ellos acaban de ensayar y que presten atención a la segunda parte, que no aparece escrita.
- Recuérdeles que es importante que tomen notas para poder hacer después el resumen del capítulo.

Con sabor

Objetivo
Comprensión lectora y práctica oral para presentar un producto típico del mundo hispanohablante: el vino.

Procedimiento
- Pida a los alumnos que lean primero el texto y que resuman en una frase la idea principal de cada párrafo. Si lo prefiere, también puede darles usted mismo los siguientes títulos y pedirles que los relacionen con los párrafos correspondientes: *El vino con los cinco sentidos / El vino a lo largo de la historia / Una región, un vino / Las mil caras del Jerez / Otros países productores / Las fiestas de la vendimia*.
- En el pleno, pídales a los alumnos que se fijen de nuevo en la etiqueta y pregúnteles si han encontrado toda la información que se detalla. Pídales que expliquen por qué son importantes datos como la denominación de origen o el año de la cosecha.
- Después, en el pleno, varios voluntarios eligen una de las preguntas que hay en el texto y se la hacen a un compañero.

De todo corazón 7

1 a. Parejas que han hecho historia.

Objetivo
Práctica oral para activar los conocimientos previos de los alumnos y hablar de figuras famosas del mundo hispano.

Para empezar
Señale el título de la unidad y pregunte a los alumnos si conocen la expresión "de todo corazón" y en qué situaciones se puede usar. Explíqueles que en español se utiliza para expresar que algo se hace con mucha sinceridad. A continuación, pídales que le digan todas las palabras que relacionan con *corazón*. Seguramente, mencionarán la palabra *amor*, entre otras. Aproveche entonces para comentar qué tipos de amor o de cariño puede haber: entre padres e hijos, entre hermanos, entre una pareja, entre amigos, etc.

Procedimiento
- Muestre las fotos de los personajes que hay en la página 63 y pregunte en el pleno qué saben de ellos.
- Escriba en la pizarra el nombre de las parejas y escriba debajo de cada una de ellas la información que le van dando los alumnos.

1 b. Estas son otras parejas famosas. Elija una de ellas y descríbala sin mencionar los nombres. Quien primero adivine quiénes son, continúa describiendo a otra pareja.

Objetivo
Práctica oral libre sobre parejas de personajes famosos universales.

Procedimiento
- Pida a los alumnos que lean la lista de otras parejas famosas y que elijan, de entre las que conocen, una de ellas.
- Déjeles tiempo para que preparen su descripción. Basta con que anoten la información que conocen.
- Pida a un voluntario que describa a la pareja sin mencionar el nombre. Los compañeros escuchan y la persona que primero adivine, continúa describiendo a su pareja. Así sucesivamente, hasta que hayan adivinado unas cuantas parejas.
- Si hay alguna pareja que nadie haya elegido, pregunte en el pleno si la conocen o no. Si hay parejas desconocidas, comente quiénes son.

Información
Romeo y Julieta: personajes de la tragedia de William Shakespeare. Sus familias son enemigas y ellos mueren por amor.
Tarzán y Jane: personajes de la novela escrita por Edgar Rice Burroughs. Tarzán es un niño que fue adoptado por una mona después de que sus padres murieran en la selva. Jane es la primera mujer que Tarzán conoce y de la que se enamora.
Caín y Abel: personajes bíblicos. Hijos de Adán y Eva y hermanos. Caín mató a Abel y por ello fue expulsado del paraíso.
Hansel y Gretel: personajes del cuento de los hermanos Grimm. Dos hermanos que son abandonados en el bosque por su madrastra y consiguen huir de una bruja.
Ginger Rogers y Fred Astaire: actores de Hollywood muy famosos en los años 30 y 40, por aparecer en películas musicales en las que eran pareja de baile.
Napoleón y Josefina: Joséphine de Tascher de la Pagerie, fue la primera esposa de Napoleón Bonaparte y la primera emperatriz del Primer Imperio francés.
Asterix y Obelix: personajes del cómic de Uderzo y Goscinny. Una pareja de galos invencible, a la que todos los romanos temen.
Chopin y George Sand: compositor y pianista polaco (1810-1849) y la escritora francesa que fue su pareja.
Sherlock Holmes y el Dr. Watson: personajes de las novelas de Arthur Conan Doyle. Holmes es un detective y Watson un médico amigo suyo que le ayuda en sus casos.
Winnetoo y Old Shatterhand: personajes de las novelas de Karl May. Winnetoo es el jefe de una tribu apache que busca paz y justicia y es acompañado por su amigo blanco, Old Shatterhand.
Elizabeth Taylor y Richard Burton: actores de Hollywood, famosos sobre todos en los años

7 De todo corazón

cincuenta y sesenta, que fueron pareja en la pantalla y en la vida real.
César y Cleopatra: este importante general romano y la última reina de Egipto fueron amantes y tuvieron un hijo juntos.

Para ampliar
En grupos, invite a los alumnos a que busquen parejas famosas de su cultura. Después las presentan al resto de la clase. Al final, se eligen entre todos las cuatro parejas más representativas para una "galería de famosos" como la de la página 63.

Tal como somos

Objetivos
- Repasar y ampliar vocabulario para describir el aspecto físico y el carácter de una persona.
- Repasar el uso de *ser* y *estar*.
- Hablar de estados de ánimo y sentimientos.

2 a. Observe el cuadro. ¿Reconoce a las personas?

Objetivo
Práctica oral para activar vocabulario relacionado con el aspecto físico.

Procedimiento
- Dirija la atención de los alumnos hacia el cuadro que tienen junto al texto y pregúnteles si reconocen a las dos personas.
- A continuación, pídales que durante un minuto se fijen en el mayor número de detalles y que después cierren el libro.
- Forme parejas y anímelos a que tomen nota de los detalles que recuerdan.
- Haga una puesta en común en el pleno y escriba en la pizarra los detalles que los alumnos vayan mencionando.
- Al final, los alumnos abren sus libros y comprueban si han podido recordar mucha o poca información.

Para ampliar
Si quiere, puede proponerles que busquen en internet más cuadros de Rivera y que elijan cuál de ellos pondrían en sus casas. Después, en clase, cada alumno presenta el cuadro que ha elegido y por qué.

2 b. Frida, una mujer con pasión.

Objetivo
Comprensión lectora selectiva para activar vocabulario relacionado con el aspecto físico y el carácter.

Procedimiento
- Los alumnos leen el texto de forma individual y subrayan las palabras que usa la autora para describir el aspecto físico y el carácter de los dos personajes. Mientras, aclare las posibles dudas de vocabulario.
- A continuación, en parejas, los alumnos comparan las descripción del texto con el cuadro y deciden si coinciden o no. Llámeles la atención sobre el recuadro con los recursos para describir a una persona.

2 c. 'El elefante y la paloma'.

Objetivo
Fijar y ampliar vocabulario relacionado con el aspecto físico y el carácter.

Para empezar
Vuela a la comparación que hacen las amigas de Frida con la imagen "un elefante y una paloma". Pregunte a los alumnos qué adjetivos relacionan con cada uno de los animales y por qué se ven cómo opuestos.

Procedimiento
- Pida a los alumnos que vuelvan al texto y que clasifiquen los adjetivos que han subrayado según se usen para describir el aspecto físico o el carácter.
- Anime a un voluntario a leer en voz alta su lista de adjetivos para el aspecto físico y escríbalos en la pizarra. Proceda de la misma manera con los adjetivos para el carácter.
- Por último, pida a los alumnos que añadan a las propuestas de sus compañeros otras palabras que conozcan.

2 d. Un concurso. ¿Quién menciona primero una persona conocida por todos que...

Objetivo
Práctica oral de carácter lúdico del vocabulario relacionado con el aspecto físico y el carácter.

Procedimiento
- Los alumnos, de forma individual, escriben al lado de cada aspecto el nombre de una persona famosa con esa característica.
- El alumno que primero acabe dice *basta* y lee sus propuestas al resto de la clase.

- Después, por turnos los demás dicen el nombre de las personas que han escrito en su lista y que su compañero no ha mencionado.
- Insista en que justifiquen siempre su respuesta.

3 a. 'Ser' o 'estar', esa es la cuestión.

Objetivo
Repasar y sistematizar el uso de *ser* y *estar* en un contexto significativo.

Procedimiento
- Explique a los alumnos que tienen varias frases relacionadas con Frida y Diego con el verbo *ser* y el verbo *estar*.
- Pídales que las lean y que después completen la regla que tienen en el margen derecho.
- Comente que desde el nivel A1 han visto diferentes usos de estos verbos y pregúnteles si recuerdan alguno.
- Seguramente entre todos recordarán que *ser* se usa para dar una definición y hablar de la profesión y el origen. *Estar* lo relacionarán con el lugar donde se encuentra una persona o cosa.

3 b. ¿Ha visto la película 'Frida'? ¿Se acuerda de la actriz principal?

Objetivo
Práctica controlada de los usos de *ser* y *estar*.

Procedimiento
- Comente a los alumnos que hace unos años se estrenó la película *Frida*, sobre la vida de la pintora, que fue nominada para los Óscar. Pregúnteles si han visto la película y si recuerdan a la actriz principal.
- A continuación, pídales que de forma individual completen la noticia de prensa con las formas de *ser* o *estar* en el tiempo adecuado.
- Para comprobar la actividad, proponga primero a los alumnos que, en grupos de tres, comparen sus versiones. Recuérdeles que usen la lista de la actividad anterior.
- Después pida a un voluntario de uno de los grupos que lea su versión final. El resto comenta si están de acuerdo o no y presenta su alternativa. Si lo prefiere, también puede poner la solución en una transparencia para que los alumnos se autocorrijan.
- Pregunte a los alumnos si han tenido errores y hablen de sus posibles causas, tal y como acostumbraban a hacer en los miradores de tomos anteriores con la "Terapia de errores".

Para ampliar
Proponga a los alumnos una "tarde de cine" y vean en clase parte de la película *Frida*. Una idea consistiría en seleccionar la escena en la que Frida y Diego se encuentran por primera vez. En un primer visionado, pueden eliminar el sonido para concentrarse en lo que sucede. Después, se habla en el pleno de las reacciones de los personajes, de los gestos y de lo que han podido decirse los personajes. Aproveche también para hablar de la elección de los actores para esos dos papeles, es decir, si físicamente se parecen a los personajes. A continuación, vuelvan a ver la escena con sonido para comprobar si las hipótesis eran ciertas.

Información
Salma Hayek (1966, México): actriz mexicana de teatro, cine y televisión, así como modelo, empresaria y productora. Empezó haciendo telenovelas en México. Su primer gran papel fue en la película *Desperado* con Antonio Banderas. Ha actuado en otras películas con Penélope Cruz, Mike Myers, Will Smith, Matt Damon, Pierce Brosnan, George Clooney y con quien fue su pareja por varios años, Edward Norton. En 2002 se presentó su película *Frida* sobre la pintora mexicana Frida Kahlo, de la que fue productora y que recibió 6 nominaciones al Oscar, incluyendo el de Mejor Actriz para Hayek.

4 ¿Quién soy?

Objetivo
Práctica oral lúdica de los recursos para describir el aspecto físico y el carácter.

Procedimiento
- Entregue a cada uno de los alumnos una tarjeta y pídales que escriban en ella, sin que nadie lo vea, el nombre de una persona famosa.
- Deje un tiempo máximo de un minuto y recoja todas las tarjetas.
- Después de que los alumnos se hayan levantado y colocado en el centro de la clase, pegue en la espalda de cada alumno una de las tarjetas asegurándose de que no pueden leerla.
- Los alumnos se dirigen a sus compañeros y les hacen preguntas cuya respuesta sea *sí* o *no*, por ejemplo: *¿Soy un hombre?¿Soy un deportista?*, etc. A continuación, cada estudiante sigue haciendo preguntas hasta acertar su identidad. Cuando la persona acierta, entonces se quita la tarjeta de la espalda, pero se queda en el centro de la clase para contestar las preguntas de los alumnos que todavía no han descubierto su identidad. El juego finaliza

7 De todo corazón

cuando todos los alumnos han adivinado el nombre de su tarjeta.

5 ¿Cómo se siente usted en estas situaciones?

Objetivos
- Ampliar vocabulario para expresar estados de ánimo.
- Sensibilizar a los alumnos sobre la distinción entre *ser* y *estar* con los adjetivos que expresan estado de ánimo.
- Práctica oral personalizada.

Para empezar
Puede dibujar en la pizarra algunos emoticones y preguntar a los alumnos qué estado de ánimo representa cada uno:

Aproveche también para preguntarles si usan estos símbolos en sus mensajes electrónicos o cuando chatean y si les molesta que otros lo hagan.

Procedimiento
- Llámeles la atención sobre la regla de uso de *ser* y *estar* con los adjetivos que describen un estado de ánimo y que figura en la columna de la derecha.
- Compruebe que los alumnos conocen el significado de todos los adjetivos. Pídales que lean las situaciones planteadas y que busquen en la lista el adjetivo que mejor describe como se sentirían en cada una de ellas, para ello deles un ejemplo: *Estoy aburrido/-a si mis amigos quieren ver la tele toda la tarde.*
- Haga una puesta en común en el pleno para ver cómo reacciona su grupo ante estas posibles situaciones.
- Después, propóngales que piensen en una situación para uno de los adjetivos que no han usado y que la escriban.
- Cada alumno presenta su situación y el resto de la clase comenta si reaccionarían igual o no.

Entre cuatro paredes

Objetivos
- Repasar y ampliar vocabulario para hablar de relaciones y conflictos personales
- Presentar la regla de uso de la frases relativas con indicativo o subjuntivo.

6 a. Las personas de las fotos viven en la misma casa. ¿Cómo piensa que es la relación entre ellas? ¿Qué problemas pueden tener?

Objetivo
Práctica oral para activar vocabulario sobre las relaciones personales.

Procedimiento
Señale las fotos y explique a los alumnos que todas esas personas viven en el mismo edificio. Invítelos a hacer hipótesis sobre cómo es la relación entre ellos y qué problemas pueden tener.

6 b. Juego de lógica. ¿Quién vive dónde en la casa?

Objetivo
Comprensión lectora selectiva.

Procedimiento
- Pida a los alumnos que lean los textos y subrayen toda la información sobre dónde viven las personas.
- Después, los alumnos dibujan en sus cuadernos el edificio según la información que han marcado y escriben en cada casa el nombre de las personas que viven allí.
- Al final, se hace una puesta en común en el pleno. Para ello, dibuje en la pizarra una casa o tenga preparada una transparencia para poder escribir los resultados de la manera siguiente:

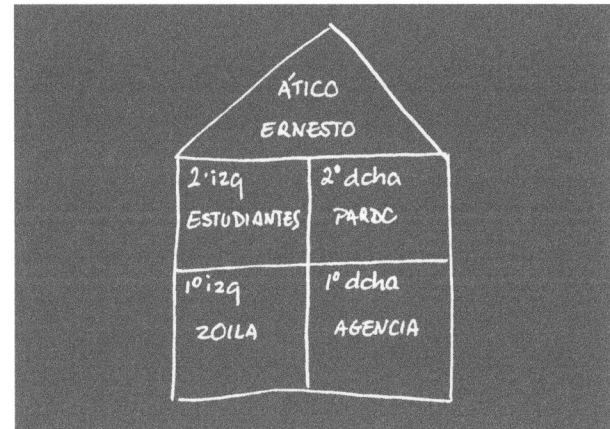

Observación

Esta forma de plantear el control de la comprensión lectora está pensada para los alumnos con una inteligencia lógico-matemática y visual especialmente desarrollada.

6 c. Piense en sus vecinos de la casa o del barrio y complete las frases.

Objetivo
Práctica oral controlada sobre relaciones entre vecinos.

Procedimiento
- En el pleno, proponga a los alumnos que valoren del 1 (muy mala) al 10 (muy buena) la relación que tienen con sus vecinos de la casa o del barrio.
- A continuación, pídales que completen las frases de la actividad.
- Forme parejas y déjeles tiempo para que comenten entre ellos sus frases.
- En el pleno, las parejas explican al resto de la clase si tienen algo en común.

7 a. ¿Sabe qué significa 'cotillear'? En España el prototipo del cotilleo es la portera.

Objetivos
- Práctica oral semicontrolada.
- Preparar la comprensión auditiva de la actividad 7b.

Procedimiento
- Escriba en la pizarra la palabra *cotillear* y pregunte a los alumnos si saben qué significa.
- Explíqueles que en España todavía se sigue usando el dicho *Eres más cotilla que una portera*. Aunque hoy en día hay pocas casas con portero, esta figura ha quedado como el prototipo de persona que se mete siempre en la vida de los demás. Aproveche para comentar con los alumnos si en sus países también es así.
- Pida a los alumnos que se imaginen de qué temas hablaría la portera de la casa de la actividad 6 con Ana, la chica de las prácticas.
- Apunte todas las hipótesis en la pizarra.

7 b. Escuche la conversación y tome notas de lo que se dice de estos vecinos. ▶▶ 25

Objetivo
Comprensión auditiva global.

Procedimiento
- Ponga la audición una vez y después comenten si las hipótesis de la actividad anterior eran verdaderas o falsas.
- Ponga la audición de nuevo y pida a los alumnos que tomen notas de lo que se dice de los vecinos.
- Pida a los alumnos que comparen sus notas con las de un compañero y después haga una puesta en común en el pleno.

Solución
Sr. Ramírez: sus empleadas no soportan trabajar con él. Es bastante estricto, tacaño y exigente.
Zoila: es rara y excéntrica.
Ernesto: es guapo, independiente y no habla con nadie. Pone la música alta y viene todas las noches de madrugada.
Sr. Pardo: Ernesto y él no se pueden ver.

7 c. ¿Qué le molesta a la portera? Escuche otra vez y tome notas. ▶▶ 25

Objetivo
Comprensión auditiva selectiva.

Procedimiento
- Pida a los alumnos que se concentren ahora en las cosas que molestan a la portera y que tomen nota de ellas.
- Remita a los alumnos a la transcripción de la página 202 para comprobar sus notas.
- Al final se hace una puesta en común en el pleno.

Para ampliar
En el pleno, proponga a los alumnos la siguiente situación. Todos son vecinos de un edificio y tienen que acordar las normas de la casa. Cada persona sugiere una idea y usted las apunta en la pizarra. Entre todos se seleccionan las diez normas más importantes. Aproveche para comentar las normas que dan sus alumnos desde una perspectiva intercultural y coménteles si es así también en España o Latinoamérica. Por ejemplo, en España nunca se cierra la puerta con llave después de las 10 de la noche o el domingo sí se puede hacer ruido, etc.

Solución
Ana: llega tarde casi todos los días, es sosa.
Ana y sus colegas: trabajan poco, fuman mucho y dejan todo lleno de ceniza.
Los que hacen yoga: entran y salen sin parar, dejan sus bicicletas dentro de la casa.

7   De todo corazón

8   a. ¿Quién encuentra primero a una persona del grupo para cada aspecto?

Objetivos
- Práctica oral de carácter lúdico.
- Presentar en un contexto significativo las frases relativas con subjuntivo.

Procedimiento
- Pida a los alumnos que se levanten y que tomen el libro para apuntar en la tabla la información que necesitan.
- Pida a un alumno que lea en voz alta los diferentes aspectos de la tabla y aclare las dudas de vocabulario.
- Los alumnos se mueven por la clase y preguntan a sus compañeros hasta encontrar a una persona para cada uno de los aspectos. Junto al nombre tendrán que escribir una información adicional, por ejemplo, en qué situaciones hacen eso, el motivo, etc.
- El primero que tenga la tabla completa hace una señal y todos los alumnos vuelven a su sitio.
- En el pleno, cada alumno presenta algunos de los resultados, tal y como se ve en las frases modelo.

8   b. Frases relativas. Observe las frases y complete la regla.

Objetivo
Sensibilizar a los alumnos sobre el uso de las frases de relativo con indicativo o subjuntivo.

Procedimiento
- Pida a los alumnos que observen las frases y que completen después la regla que tienen en el margen derecho.
- Propóngales que escriban al menos un ejemplo más para la tabla. Lo mejor es que piensen en ejemplos relacionados con ellos mismos, pues así podrán interiorizar la regla mucho mejor.

Para ampliar
Fotocopie para cada alumno la ficha 12 (pág. 116). Se trata de escribir anuncios para intercambiar objetos, servicios, etc. En la ficha "BUSCO" describen lo que buscan y en la ficha "OFREZCO" lo que pueden ofrecer. Después los anuncios se cuelgan en la clase y la persona que encuentra lo que busca, contacta con el compañero.

9   Se busca nuevo vecino.

Objetivo
Practica controlada de las oraciones de relativo con indicativo o subjuntivo.

Procedimiento
- Los alumnos completan el anuncio con los verbos adecuados en indicativo o subjuntivo.
- Para comprobar los resultados, puede escribir en la pizarra el texto con la solución o tenerlo preparado en una transparencia para que los alumnos comprueben sus versiones. Si quiere, también puede mostrarles un texto (en el que habrá incluido algún error) y decirles que es la versión de un alumno para que la corrijan según lo que ellos han escrito.

Alternativa
Dé a los alumnos una lista de verbos para que elijan los que crean que son más adecuados para completar el texto: comprar, alquilar, ser, estar, poder, querer, tener, dar, regalar, intentar, costar, encontrar.

La vecindad es fuente de amistad

> **Objetivo**
> Repasar y ampliar vocabulario para hablar de valores, sentimientos o cambios del estado de ánimo.

10   a. 'Quien tiene un amigo, tiene un tesoro'.

Objetivo
Práctica oral libre para introducir el tema de la amistad a partir de refranes.

Para empezar
- Con los libros cerrados, escriba en la pizarra la primera parte del refrán "Quien tiene un amigo, tiene…" y pida a los alumnos que le digan posibilidades para completarlo.
- Dígales la otra parte del refrán, si no han llegado a ella, y comenten cómo se expresa la misma idea en su idioma.

Procedimiento
- Pida a los alumnos que lean los refranes sobre la amistad y que marquen aquellos con los que más se identifican. Aclare las posibles dudas de vocabulario.

- Después, propóngales que elijan uno de los refranes y que expliquen a los compañeros cómo lo interpretan sin decir a qué refrán se están refiriendo. También pueden describir una situación en la que podrían usar el refrán. Los otros tienen que adivinarlo según las explicaciones que dan.

Para ampliar
Proponga a los alumnos que hagan en casa la actividad de *congusto online* relacionada con otros refranes.

10 b. Conteste el cuestionario y comente sus respuestas con dos compañeros/-as.

Objetivos
- Comprensión lectora global para presentar vocabulario relacionado con los valores y los sentimientos.
- Práctica oral controlada.

Procedimiento
- Explique a los alumnos que van a completar un cuestionario sobre la amistad.
- Déjeles tiempo para contestar las preguntas y después forme grupos de tres personas para que comenten sus respuestas.
- Dirija la atención de los alumnos hacia los recuadros con el vocabulario para hablar de valores y sentimientos y propóngales que añadan más palabras.

Para ampliar
Anime a los alumnos a que hagan de "psicólogos". Cada persona del grupo elige a uno de los compañeros y teniendo en cuenta las respuestas que ha dado, escribe su perfil (no es necesario que el texto sea largo, basta con un par de frases). Después, leen en voz alta el perfil y la persona dice si está de acuerdo o no.

11 a. ¿Quiénes son los amigos? ▶ 26

Objetivos
- Comprensión auditiva global.
- Introducción y repaso de recursos para hablar sobre la amistad.

Procedimiento
- Anuncie a sus alumnos que van a escuchar una encuesta en la que algunas personas dan su opinión sobre la amistad.
- Escriba en la pizarra la palabra *amistad* y hagan en el pleno una lluvia de ideas sobre lo que les sugiere a los alumnos este concepto.

- Ponga la audición y pida a los alumnos que tomen nota de los diferentes tipos de amistad que se mencionan.
- Haga una puesta en común en el pleno y escriba las respuestas de los alumnos en la pizarra.
- Ponga de nuevo la audición y pídales que tomen notas de lo que cada persona menciona para describir el tipo de amistad.
- Al final, pregunte a los alumnos con qué tipo de amistad se identifican más y por qué.

Solución
Pandilla: salir juntos, verse mucho, hacer todo juntos, compartir mucho.
Amigos de la infancia: tener confianza, escuchar y comprender.
Compañeros de trabajo: compartir cosas, saber los intereses y problemas, tener opiniones e intereses en común.
Otros: buena química, llevarse bien, gusto por estar juntos.

11 b. Lea el texto y subraye todas las cualidades de un amigo. ¿Qué otras añadiría?

Objetivo
Comprensión lectora selectiva para ampliar vocabulario relacionado con las cualidades de un amigo.

Procedimiento
- Señale la foto y pregunte a los alumnos qué simboliza: unión, fuerza, cariño, etc.
- Dígales que lean el texto y que subrayen todas las palabras o expresiones que se refieren a las cualidades de un amigo.
- Haga una puesta en común en el pleno y escriba las cualidades que mencionan los alumnos en forma de mapa conceptual a partir de la palabra *amigo*:

- Por último, anímelos a que amplíen el mapa con otras cualidades.

Para ampliar
Explique a los alumnos que uno de los trabajos de redactor es buscar el título y las fotos adecuadas

7 De todo corazón

para un artículo. Propóngales que en parejas escriban un título y elijan otro tipo de imagen (basta con que describan lo que se imaginan) para el artículo que han leído.

11 c. En parejas. Decidan cuáles son las tres cualidades más importantes en la amistad.

Objetivo
Práctica oral libre.

Procedimiento
- Forme parejas y pídales que a partir de la lista que hicieron en la actividad anterior con las cualidades de un amigo elijan las tres más importantes.
- Después, cada pareja explica qué cualidades han elegido y por qué. Escríbalas en la pizarra y vaya marcándolas para después contar las que más se han mencionado en el grupo.

Para ampliar
Pensando en los alumnos con una inteligencia visual y lógico-matemática especialmente desarrollada, puede pedir a las parejas que resuman los resultados del grupo en forma de gráfica. De esta forma, puede aprovechar también para repasar la expresión de los porcentajes.

12 El juego de la amistad. Hablen de un amigo o una amiga. Tienen 15 minutos.

Objetivo
Práctica oral lúdica controlada.

Procedimiento
- Divida la clase en grupos de tres personas y pídales que busquen un objeto pequeño que puedan usar como ficha y una moneda.
- Explíqueles que el objetivo del juego es hablar de un amigo. Las reglas son las siguientes: si al tirar la moneda sale cara, avanzan tres pasos, y si sale cruz, cinco pasos. La ficha se puede mover en todas direcciones. La persona que empieza, decide qué frase toma como punto de salida, tira la moneda y mueve la ficha según haya salido cara o cruz. Entonces contesta la pregunta de la casilla pensando en un amigo o amiga.
- El juego termina cuando se ha pasado por todas las casillas.

Tarea final.
Un poema sobre la amistad

Objetivo
Práctica oral y escrita de los contenidos y recursos de la unidad en un contexto personalizado auténtico.

Procedimiento
- Comente a los alumnos que van a descubrir su lado "más poético" y que al final de la tarea habrán escrito un poema sobre la amistad.
- Explíqueles que para superar el miedo que provoca siempre una hoja en blanco van a buscar primero un poco de inspiración en el poema que tienen de ejemplo.
- Pídales que lo lean con calma y que subrayen las palabras que se van repitiendo. Aproveche para preguntarles qué efecto se consigue con esa repetición. También puede leerles el texto en voz alta prestando atención al ritmo y la entonación.
- Dígales que se van a basar en la estructura de este poema para escribir el suyo. Para ello, primero tienen que buscar un ejemplo para cada uno de los aspectos: un animal, un color, un olor, un paisaje y un sentimiento.
- A continuación, explíqueles que cada verso impar empieza con "La amistad es…" y que tendrán que repetir la palabra elegida en la próxima línea añadiendo una información nueva.
- Insista en que el poema tiene que acabar con un resumen que mantenga las palabras en negrita del ejemplo: que, como, que huele a, donde hay.
- Al final, recoja todos los poemas, haga un dossier con ellos y fotocópielos para los alumnos. Anímelos a que voten por uno de ellos. La persona que gane, puede recibir un pequeño premio y leerá en voz alta el poema.
- Recuérdeles que guarden el poema en su portfolio.

Amor imposible

Objetivos
Comprensión lectora y auditiva global y práctica escrita.

Capítulo 6: Una decisión difícil ▶▶ 27

Procedimiento
- Pida a un voluntario que lea el texto en el que la jefa de la emisora describe su próxima tarea.
- De forma individual o en parejas, los alumnos completan el anuncio y presentan su propuesta al resto de la clase. Insista en que lo lean como si lo estuvieran grabando de verdad y que es importante que convenzan al público.
- Entre todos deciden si el texto final está bien o cambiarían algo.
- A continuación, ponga la audición y recuerde a los alumnos que tomen notas para escribir el resumen del capítulo.

Con sabor

> **Objetivo**
> Comprensión lectora y práctica oral para presentar un producto típico del mundo hispanohablante: el azafrán.

Procedimiento
- Si puede, lleve un poco de azafrán a clase. De esta forma los alumnos que no hayan usado o visto nunca este producto, tendrán la posibilidad de ver el color, olerlo y tocarlo.
- Pregúnteles si saben cuánto puede costar aproximadamente un kilo. Seguramente les sorprenderá saber que en el mercado se pagan 1700€ por kilo.
- Escriba en la pizarra las siguientes palabras y pídales que hagan hipótesis sobre la relación que tienen con el azafrán: momias, pelo, oro, La Mancha.
- Deje tiempo para que lean el texto y comprueben sus hipótesis.
- En el pleno, comenten las preguntas que hay después de cada párrafo.
- Anime a los alumnos a probar la receta de arroz a la naranja y pídales que le digan si les gustó o no. A lo mejor alguien se anima prepararla para la próxima clase.

8 Mirador

Hablamos de cultura: formas de hablar

1 a. ¿Qué hace o no hace usted? Marque una alternativa según su opinión.

Objetivo
Reflexionar sobre la actitud personal respecto a la forma de hablar en diferentes situaciones de la vida cotidiana.

Procedimiento
- Pida a los alumnos que, de forma individual, marquen la alternativa con la que más se identifican o que añadan otra para explicar cómo actúan en esos casos. Insista en que no hay una respuesta correcta, sino que depende de la perspectiva de cada uno.
- Forme parejas y anímelos a que comparen entre ellos sus respuestas y que expliquen por qué han elegido esas opciones.
- En el pleno, cada pareja presenta los aspectos que tienen en común. A continuación, pregúnteles qué opciones del cuestionario consideran típicas de su país y por qué.

1 b. Lea lo que cuenta una española. ¿Qué aspectos del cuestionario menciona?

Objetivo
Comprensión lectora global para introducir la perspectiva de una persona hispanohablante.

Procedimiento
- Explique a los alumnos que van a leer un texto en el que una española habla sobre algunos aspectos del cuestionario.
- Diga a los alumnos que lean el texto y que comenten después en el pleno qué aspectos del cuestionario (1-6) menciona la persona.

1 c. ¿Y usted, habla alto o bajo? ¿Qué efecto tiene si una persona habla especialmente alto o bajo?

Objetivo
Práctica oral personalizada.

Procedimiento
Pídales que piensen en si hablan alto o bajo en general y si se han preguntado alguna vez qué efecto tiene para el oyente cuando una persona habla especialmente alto o bajo. Comenten ejemplos concretos. También puede usted empezar diciendo algunas frases muy alto o muy bajito, sin haber explicado nada antes, y esperar la reacción de sus alumnos para a continuación preguntarles qué impresión les ha causado.

Ahora ya sabemos...

2 Hablar para llegar a un acuerdo sobre un nuevo compañero de piso.

Objetivo
Práctica oral semicontrolada (interacción oral) de los recursos para reaccionar a opiniones de otras personas, expresar probabilidad, causa, fin y consencuencia, y describir el carácter de una persona.

Procedimiento
- Divida la clase en parejas y explíqueles la situación que tienen que imaginar: cada pareja comparte piso y están buscando a un/a nuevo/-a compañero/-a. De todos los interesados han seleccionado a tres candidatos y ahora tienen que decidirse.
- Pida a los alumnos que lean en silencio los perfiles de los candidatos y que apunten en sus cuadernos los pros y contras de cada uno.
- Para preparar la discusión es conveniente que consulten las expresiones de las páginas 52, 62 y 72.
- Haga una señal y pida a los alumnos que empiecen con la conversación. Mientras hablan entre ellos, no los interrumpa para corregirlos. Puede tomar

nota de errores o aspectos que le han llamado la atención y comentarlos más tarde.
- En el pleno, cada pareja explica a qué persona han elegido y por qué.
- Insista en que marquen el símbolo según el nivel que creen tener y pregúnteles qué aspectos consideran que deben practicar más y por qué.

3 Hablar para contar experiencias pasadas.

Objetivo
Práctica oral (monólogo sostenido).

Procedimiento
- Explique a los alumnos que van a prepararse para contar una experiencia. Se espera que hablen aproximadamente tres minutos de una de las que aparecen en la lista.
- Con el fin de bajar la ansiedad que produce en algunos alumnos una tarea como esta, insista en que la clave está en la preparación. Dirija la atención de los alumnos hacia el cuadro verde que tienen a la derecha con algunos consejos.
- Déjeles tiempo para que los alumnos se preparen, hagan su esquema y consulten de nuevo los recursos para hablar de anécdotas, expresar sentimientos y estados de ánimo.
- Pida a varios voluntarios que hagan su presentación. El resto de la clase tendrá que tomar nota de lo que cuentan y hacerles preguntas.
- Pregunte a los alumnos cómo se han sentido durante la presentación y recuérdeles que marquen el símbolo según el nivel que crean tener.

4 a. Escuchar para entender instrucciones.
▶▶ 28 – 29

Objetivo
Comprensión auditiva global.

Procedimiento
- Diga a los alumnos que van a escuchar a dos personas que dan instrucciones.
- Pídales que lean las frases para hacerse una idea del contexto y que marquen las palabras a las que tienen que estar atentos durante la audición. Deje claro que tienen que elegir la opción que resume mejor las instrucciones, no se trata de distinguir entre una opción verdadera y otra falsa.
- Ponga la audición 28 una vez, haga una pausa de unos veinte segundos y ponga la misma audición otra vez. Proceda de la misma forma con la audición 29. De esta forma los alumnos se podrán acostumbrar a la dinámica de las pruebas de comprensión auditiva en exámenes oficiales como el DELE o el telc.
- Pida a dos voluntarios que digan su solución y pregunte al resto de la clase si están de acuerdo o no.
- Recuérdeles que marquen el símbolo según el nivel que creen tener.

Solución
1. Solo se puede entrar en clase con el móvil apagado.
2. Para participar en esta red social la inscripción no es complicada.

5 Escribir un anuncio de búsqueda.

Objetivo
Práctica escrita guiada.

Procedimiento
- Pida a los alumnos que se imaginen la siguiente situación: usted busca una persona hispanohablante como "au-pair" para que cuide a sus hijos y escribe un anuncio.
- Explíqueles que en su anuncio tiene que aparecer la siguiente información:

> ✓ Quién es usted y qué busca
> ✓ Para qué tareas la necesita
> ✓ Qué características tiene que tener esa persona
> ✓ Cuáles son las condiciones de trabajo

- Proponga a los alumnos que en parejas comparen sus textos y que corrijan los posibles errores. Pase por las mesas y ayúdelos si tienen preguntas.
- En el pleno, cada pareja puede comentar si han pensado en el mismo tipo de persona y si ofrecen las mismas condiciones de trabajo.

Terapia de errores

6 Mi diario de errores.

Objetivos
Presentar estrategias para fomentar la autocorrección y el aprendizaje autónomo.

Procedimiento
- Comente a los alumnos que una técnica para superar los errores consiste en escribir un diario de errores.

8 Mirador

- Dirija su atención hacia la imagen del cuaderno y comenten cómo ha tomado nota esta persona de los errores: por un lado escribe la frase con el error, abajo escribe la frase correcta y luego anota de qué tipo de error se trata y una posible estrategia para superarlo.
- Anime a los alumnos, si todavía no lo hacen, a continuar con su diario durante todo el curso y a consultarlo con frecuencia.

Zona estratégica: usar el diccionario

7 a. El diccionario no solo ayuda a entender el significado de una palabra. ¿Puede encontrar las siguientes informaciones en este extracto de un diccionario fijándose en las abreviaturas y los símbolos?

Objetivo
Sensibilizar a los alumnos sobre la información que da un diccionario y las abreviaturas más frecuentes.

Procedimiento
- Pregunte a los alumnos con qué diccionario trabajan normalmente y por qué.
- Señale el extracto del diccionario y coménteles que un buen diccionario además de dar el significado de una palabra, también da otro tipo de información.
- Anime a los alumnos a que de forma individual o en parejas encuentren en el extracto la información que se menciona en la lista. Es importante que se fijen en las abreviaturas y en los símbolos. Asegúrese de que los alumnos conocen todos los datos de la lista y si no es así, aclárelos.
- Tenga preparada una transparencia con el extracto. Pida a un voluntario que marque en la transparencia la información que ha encontrado. En caso de que no haya encontrado todos los datos, pida al resto de la clase que le ayuden.

7 b. Para muchas palabras el diccionario nos suele dar diferentes opciones de significado.

Objetivo
Sensibilizar a los alumnos sobre la importancia del contexto para establecer el significado de una palabra.

Para empezar
- Pregunte a sus alumnos cómo se traduce al español la palabra "Hahn". Probablemente unos harán referencia a la palabra *gallo* y otros a *grifo*. Si no conocen las palabras en español no importa. Basta con que digan que se trata de un animal o de un lugar de donde sale agua, por ejemplo. Se trata de que vean que también en alemán una misma palabra puede tener dos conceptos muy distintos.
- Pregúnteles cómo saben qué significa "Hahn" en cada caso y si tienen problemas para saber qué significado es el correcto en frases concretas. Se darán cuenta de que el contexto nos ayuda a interpretar correctamente las palabras que tienen más de un significado.

Procedimiento
- Explique a los alumnos que van a leer una parte de un fragmento de una novela en la que se han marcado algunas palabras.
- Pídales que de forma individual o en parejas, elijan el significado adecuado según el contexto.
- Pasado un tiempo, los resultados se comentan en el pleno.
- Insista en la importancia de comprobar todas las acepciones que tiene una palabra en un diccionario y elegir dependiendo del contexto.

Un texto literario que da que hablar

8 a. Primera lectura: familiarizarse con un texto literario.

Objetivo
Comprensión lectora global.

Procedimiento
- Señale la foto de Mario Vargas Llosa y pregunte a los alumnos si lo conocen. Puede completar la información que tengan los alumnos con la que aparece en el libro.
- Explique a los alumnos que van a leer un fragmento de la novela *La tía Julia y el escribidor* y pídales que hagan hipótesis sobre el argumento del libro basándose en el título.
- Después, lea en voz alta el argumento de la novela para comprobar si las hipótesis de los alumnos eran buenas: *La tía Julia y el escribidor* cuenta la relación amorosa de un joven escritor con una mujer de su familia, mayor que él, que la sociedad de Lima y su familia tratan de impedir.

- Diga a los alumnos que lean el texto y que marquen las frases donde encuentran la siguiente información:

> ¿Quién (es)?
> ¿Dónde?
> ¿Cuándo?
> ¿Por qué?
> ¿Qué pasa?
> ¿Cómo?

- Después de una primera la lectura, anime a los alumnos a que hagan un dibujo o un esquema de la escena; pueden hacerlo tomando como punto de partida las preguntas anteriores o resaltando algún aspecto de la escena. Deje claro que el objetivo de esta fase es resumir la escena, no hacer una obra de arte.
- A continuación, en parejas, los alumnos explican a su compañero lo que han dibujado y modifican los detalles con los que sus compañeros no están de acuerdo.
- Al final, se muestran todos los dibujos y se elige el que mejor resuma la escena.

Observación
De momento, no comente más aspectos del texto, ya que se trabajarán en la siguiente actividad.

8 b. Segunda lectura: estas preguntas le ayudarán a entender más detalles del texto.

Objetivo
Comprensión lectora detallada.

Procedimiento
- Comente a los alumnos que ahora que ya tienen una idea general del texto, van a leerlo otra vez para entender más detalles.
- En caso de que tengan dudas de vocabulario, dígales que revisen las palabras que vieron en la actividad 7b. También pueden encontrar la traducción de las palabras numeradas del 1 al 13 al final de la página. De todas formas, insista en que no es necesario entenderlas para contestar a las preguntas y es importante disfrutar de un texto auténtico sin consultar continuamente el diccionario.
- Por turnos, pida a varios voluntarios que respondan a una de las preguntas.

8 c. En grupos de tres. Hablen sobre estos temas y presenten los aspectos más interesantes al grupo.

Objetivo
Práctica oral libre personalizada.

Procedimiento
- Pregunte a los alumnos qué les parece el diminutivo "Marito": ¿es gracioso? ¿Ridículo? ¿Suena bien?
- Explique que en la novela se tratan varios aspectos como la familia o las relaciones amorosas, que son temas universales.
- En grupos, van a hablar durante unos 15 minutos de varios aspectos. Es importante que tomen nota de lo que dicen los compañeros para luego presentar los más interesantes al resto del grupo.
- Al final, se hace una puesta en común en el pleno.

9 Grandes momentos

1 a. ¿Qué servicios ofrece esta empresa? ¿Haría o ha hecho uso de este tipo de servicio? ¿En qué ocasiones? ¿Le parece útil? Coméntelo con sus compañeros/-as.

Objetivos
- Práctica oral para activar vocabulario relacionado con fiestas y eventos, así como los recursos para expresar opinión.
- Comprensión lectora selectiva.

Procedimiento
- Presente la agencia de eventos "Mundo fiesta". Para ello, mientras los estudiantes tienen los libros cerrados, escriba el nombre de la empresa en la pizarra y pregunte a los alumnos qué eventos suele organizar este tipo de empresas.
- Remítalos a la página 77 y pídales que comprueben sus hipótesis con la información que hay en la página web de la agencia:

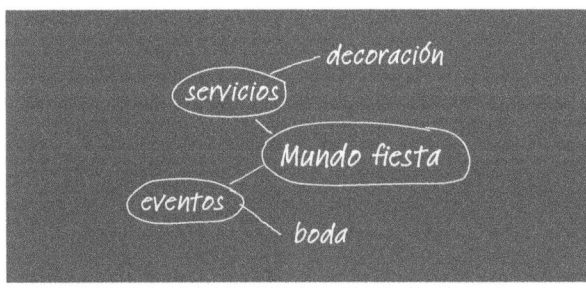

- Escriba en la pizarra todos los eventos que mencionan los alumnos y pregúnteles qué servicios ofrece. Complete entonces el mapa asociativo. No borre los nombres de los eventos, ya que le servirán para la actividad 2a.
- En el pleno, invite a los alumnos a que comenten si han contratado alguna vez (o contratarían) una agencia de eventos, o para qué ocasiones y si les parecen útiles estas empresas.

Para ampliar
Después de leer el texto, dirija la atención de los alumnos hacia las palabras que están subrayadas y pídales que expliquen con sus propias palabras qué significan.

Celebraciones especiales

Objetivos
- Ampliar vocabulario relacionado con fiestas y eventos.
- Repasar recursos para expresar buenos deseos y duda.
- Repasar estructuras para hablar de acciones habituales.
- Repasar recursos para valorar.
- Introducir el contraste entre indicativo / subjuntivo con las conjunciones *cuando*, *mientras* y *aunque*.

2 a. ¿De qué celebración se trata? ¿Qué expresión usaría para felicitar?

Objetivo
Repasar y ampliar recursos para expresar buenos deseos.

Procedimiento
- Explique a los alumnos que van a hablar de celebraciones y a recordar qué se suele decir en cada situación.
- Deje a los alumnos tiempo para que lean las definiciones y busquen a qué celebración corresponden, usando la lista de la actividad anterior.
- Comprueben los resultados en el pleno.
- Señale las frases que tienen en el margen izquierdo. En parejas, los alumnos deciden qué expresión usarían para felicitar según la ocasión. Aclare que no hay una única posibilidad, sino que a veces expresiones como *¡Felicidades!* o *¡Enhorabuena!* se pueden usar en todas las situaciones.

Alternativa
Pida a los alumnos que elijan una de las celebraciones que se han mencionado. Por turnos, cada alumno anuncia que él o alguien de su familia va a celebrar

este evento (puede ser verdad o mentira). El resto de compañeros reacciona usando las frases modelo u otro deseo que crean adecuado.

> + ¿Sabéis que me caso la semana que viene?
> − ¿De verdad? ¡Enhorabuena y que seáis muy felices!
>
> + Mis padres celebran sus bodas de plata este domingo.
> − ¡Felicidades! Y diles que lo celebren por lo menos 25 años más.

2 b. ¿Se celebran estas fiestas en su país? ¿Qué se hace o no se hace?

Objetivo
Práctica oral controlada.

Para empezar
Lleve fotos de diferentes celebraciones (pueden ser suyas o si lo prefiere, las puede sacar de internet) y asegúrese de que se ven algunas de las acciones que se mencionan en la lista de la actividad: echar arroz, vestirse de blanco, tirar un ramo, brindar, soplar velas, etc. Muéstreselas a los alumnos y pregúnteles qué creen que se está celebrando y por qué. Aproveche para resolver las posibles dudas de vocabulario.

Procedimiento
- Pregunte a los alumnos si en sus países también se suelen celebrar las fiestas de la actividad anterior.
- Después, forme parejas y pídales que lean los ejemplos de lo que se suele hacer en la cultura hispana en algunas celebraciones.
- A continuación, los alumnos comentan entre ellos en qué celebraciones creen que se hacen estas cosas y si es igual en sus países. Insista en que usen los diferentes recursos que tienen al margen para generalizar y hablar de acciones habituales, como en el modelo.
- Al final, haga una puesta común en el pleno.

2 c. ¿Ha asistido recientemente a algunas de las fiestas de arriba?

Objetivo
Práctica oral controlada.

Procedimiento
- Pida a los alumnos que piensen al menos en una celebración a la que hayan asistido recientemente o que recuerden por alguna razón especial.
- Déjeles tiempo para que tomen notas en sus cuadernos sobre los aspectos que se mencionan en la tabla.
- Forme parejas y pídales que comenten entre ellos sus experiencias.
- En el pleno, cada persona presenta al resto de la clase un resumen de lo que le ha contado su compañero.
- Pregunte a los alumnos qué adjetivos se pueden usar para valorar una celebración y escríbalos en la pizarra:

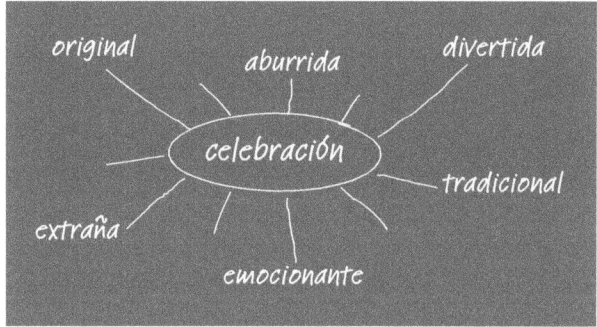

- Al final, se valoran entre todos las experiencias y se decide cuál ha sido la más original, tradicional, emocionante, etc.

3 a. Lea las invitaciones para una fiesta muy popular en Latinoamérica. ¿Cuál es?

Objetivos
- Práctica oral.
- Comprensión lectora global.

Procedimiento
- Presente a sus alumnos las dos invitaciones y comente que son para una fiesta muy popular en Latinoamérica.
- Proponga a los alumnos que lean las invitaciones y pregúnteles si saben de qué fiesta se trata. Una vez aclarado este punto, los alumnos explican si existe algo parecido en su país.
- Pídales que se imaginen el ambiente en cada una de ellas: número de invitados, más o menos formalidad, tipo de comida y bebida, etc.
- A continuación, algunos voluntarios describen cómo se han imaginado una de las fiestas.

Para ampliar
Si a su clase le gustan las actividades en las que hay que dibujar, sobre todo si hay personas con una inteligencia visual especialmente desarrollada, pídales que en grupos, "hagan una fotografía de la fiesta". En su dibujo tienen que reflejar todo lo que se ha comentado sobre el ambiente.

9 Grandes momentos

3 b. ¿Qué hace en su país una chica cuando cumple 15 años?

Objetivos
- Práctica oral controlada.
- Comprensión lectora global.

Procedimiento
- En el pleno o en pequeños grupos, anime a los alumnos a que piensen qué se suele hacer en su país cuando una chica cumple 15 años.
- Invítelos a que comenten las opciones y a que añadan otras que crean necesarias.
- A continuación, los alumnos leen el texto y marcan todas las palabras relacionadas con la forma de celebrar la fiesta de cumpleaños.
- Aclare las posibles dudas de vocabulario y pregunte en el pleno si les ha sorprendido la información del texto.

3 c. En dos grupos. Cada grupo prepara cinco preguntas sobre el texto, que el otro tiene que contestar.

Objetivo
Práctica oral y escrita semicontrolada.

Procedimiento
- Divida la clase en dos grupos y pídales que preparen cinco preguntas sobre el texto.
- Una persona de cada grupo apunta en un papel la pregunta y la respuesta correcta.
- A continuación, un voluntario de un grupo lee en voz alta la pregunta y el otro grupo contesta. Si saben la respuesta, reciben un punto, si no la saben, entonces pierden uno de los que ya tienen.
- Al final, gana el equipo que tenga más puntos.

3 d. En parejas, comenten estas preguntas.

Objetivos
- Práctica oral controlada.
- Repasar los recursos para valorar una información en un contexto significativo.

Procedimiento
- Forme parejas y deje tiempo a los alumnos para que comenten las preguntas.
- Recuérdeles que conocen ya muchas expresiones para valorar, como las que tienen en el margen derecho.
- Después, en el pleno, cada pareja explica si tienen la misma actitud o si tienen puntos de vista diferentes.

4 a. ¿Correcto o falso? ¿Cuáles de estas informaciones corresponden al texto?

Objetivos
- Comprensión lectora selectiva.
- Presentar las diferencias de significado entre el indicativo o el subjuntivo en frases con *cuando*, *mientras* y *aunque*.

Procedimiento
Pida a los alumnos que teniendo en cuenta la información del texto decidan si las informaciones son verdaderas o falsas. Aclare que cuando el texto no da ese tipo de información, entonces la frase se considera como falsa.

4 b. Marque en las partes *en cursiva* con dos colores diferentes los verbos en indicativo y en subjuntivo. ¿En cuáles se da esta información? ¿Qué forma verbal tiene?

Objetivo
Sensibilizar a los alumnos sobre las diferencias de significado entre el indicativo o el subjuntivo en frases con *cuando*, *mientras* y *aunque*.

Procedimiento
- Proponga a los alumnos que en las frases de 4a marquen con un color los verbos en indicativo y con otro, los verbos en subjuntivo.
- A continuación, pídales que digan en qué frases de la actividad anterior se da la información mencionada y que escriban el número de la frase de 4a en la casilla.
- Haga una puesta en común para comprobar los resultados y llámeles la atención sobre la forma verbal que tienen las frases. De esta forma se darán cuenta de que el verbo va en subjuntivo si nos referimos al futuro y cuando se expresa una condición o algo que no se sabe.

4 c. Observe estas frases y su explicación y complete el cuadro y la regla.

Objetivo
Fijar la regla de uso del indicativo o subjuntivo en frases con *cuando*, *mientras* y *aunque*.

Procedimiento
- Pida a los alumnos que observen los dos ejemplos y que se fijen en el cambio de significado que se produce al usar la conjunción con indicativo o subjuntivo.

- Proponga a los alumnos que, basándose en los ejemplos, completen el cuadro y la regla que tienen en el margen derecho.
- Aproveche para llamarles la atención sobre la traducción al alemán de las conjunciones dependiendo de si el verbo está en indicativo o subjuntivo.

cuando	+ indicativo	wenn / immer wenn
	+ subjuntivo	wenn / sobald
mientras	+ indicativo	während
	+ subjuntivo	solange / vorausgesetzt dass
aunque	+ indicativo	obwohl
	+ subjuntivo	selbst wenn

5 a. Relacione las partes de frases.

Objetivo
Práctica controlada de frases con *cuando*, *mientras* y *aunque* con indicativo y subjuntivo.

Procedimiento
- Pida a los alumnos que relacionen las diferentes partes de las frases.
- Por turnos, los alumnos van diciendo sus propuestas y explican el significado que tiene en cada caso la frase. Para ello pueden recurrir a la traducción o formular la frase de otra forma, por ejemplo:

> Las chicas no beben alcohol mientras sus padres las ven.
> =
> Las chicas no beben alcohol cuando sus padres las están viendo.

5 b. Complete estas frases según sus ideas.

Objetivo
Práctica personalizada de frases con *cuando*, *mientras* y *aunque* con indicativo y subjuntivo.

Procedimiento
- La actividad se puede hacer de forma oral o también puede dejar tiempo a los alumnos para que completen por escrito las frases.
- Divida a la clase en grupos de tres y déjeles tiempo para que comparen sus respuestas.

- En el pleno, cada alumno explica a la clase un aspecto que tiene en común con alguno de los compañeros de su grupo.

De preparativos

Objetivos
- Presentar el uso del subjuntivo para dejar la decisión a otra persona.
- Repasar y ampliar vocabulario para describir el aspecto físico de una persona.

6 a. Madre e hija preparando la fiesta de 15 años.

Objetivos
- Práctica oral semicontrolada.
- Presentar el uso del subjuntivo para dejar la decisión a otra persona.

Procedimiento
- Los alumnos leen la viñeta y explican a sus compañeros qué les parece la situación: *divertida*, *inesperada*, *rara*, *graciosa*, etc.
- A continuación, se comenta en el pleno cómo se imaginan la madre y la hija la fiesta de 15 años.

Alternativa
Haga una fotocopia de las viñetas y elimine la parte del diálogo de la madre. Fotocopie ahora esta hoja tantas veces como parejas pueda formar en clase. Entrégueles la hoja y pídales que completen los bocadillos con las respuestas de la madre. Después, abren el libro y comparan.

Para ampliar
Anime a los alumnos a que escriban lo que dicen la madre y la hija en la última viñeta o si lo prefiere, déjeles que preparen un pequeño diálogo.
Esta propuesta y la que se da como alternativa a la dinámica del libro están pensadas para alumnos con una inteligencia lingüística especialmente desarrollada, a los que les gusta imaginar historias y representarlas.

6 b. Cuando se deja tomar la decisión a otra persona, se usa el subjuntivo.

Objetivo
Sistematizar el uso del subjuntivo para indicar que se deja la decisión a otra persona.

9 Grandes momentos

Procedimiento
- Diga a los alumnos que vuelvan a leer la viñeta y que se fijen en las respuestas de la madre.
- Pregúnteles si les parece que la madre es una persona tolerante o no. Probablemente dirán que por lo menos la madre parece que deja decidir a su hija.
- Explíqueles que cuando dejamos tomar la decisión a otra persona, entonces el verbo se usa en subjuntivo. Teniendo esto en cuenta, los alumnos completan el cuadro.
- Los resultados se comprueban en el pleno.

6 c. En parejas. Una fiesta en su casa.

Objetivo
Práctica oral controlada del uso del subjuntivo para indicar que se deja la decisión a otra persona.

Procedimiento
- Los alumnos tienen que ponerse en la siguiente situación: un amigo hispanohablante llega a su casa para pasar unos días y quieren hacerle una fiesta de bienvenida.
- En parejas, un alumno elige una de las actividades de la lista y el otro contesta dejando la decisión a su compañero, que debe hacer alguna propuesta. Luego, al revés hasta que utilicen todas las propuestas.
- Al final, cada pareja cuenta qué decisiones han tomado para organizar la mejor fiesta de bienvenida.

Para ampliar
Proponga para casa la actividad de *congusto online* sobre servicios para fiestas.

7 a. La madre y la hija de la viñeta de arriba tienen gustos diferentes.

Objetivo
Repasar y ampliar vocabulario relacionado con la descripción del físico y la ropa.

Procedimiento
- Pida a los alumnos que se imaginen los gustos de la madre y de la hija de la viñeta en cuanto a su forma de vestir y su aspecto.
- A continuación, dígales que lean los aspectos que se mencionan en la actividad y que marquen si le gustarán más a la madre (M) o la hija (H).
- Al final, haga una puesta común en el pleno.

Alternativa
Antes de pasar a la actividad, y si a la clase le gusta inventar historias, puede proponerles la siguiente tarea: los alumnos se imaginan que la viñeta es el inicio de un cómic muy popular y que van a escribir en parejas la descripción de los dos personajes principales para la contraportada del libro. Pídales que piensen en un nombre para las dos, en qué trabaja la madre, qué hace o estudia la hija, sus aficiones y lo que les gusta y molesta de la otra persona. Después, cada pareja lee su descripción y se elige la más interesante.

7 b. ¿Y qué le gusta a usted? Puntúe de 0 (menos) a 5 (más) los ejemplos de arriba.

Objetivo
Práctica oral personalizada sobre gustos y preferencias.

Procedimiento
- Los alumnos escriben junto a cada aspecto la puntuación que les darían según les guste más o menos.
- En grupos de cuatro, comparan sus resultados. Al final, un portavoz del grupo explica al resto de la clase qué aspecto ha sido el que más puntos ha obtenido y cuál el que menos.

Para ampliar
Para practicar de forma lúdica el vocabulario relacionado con la descripción del aspecto físico y preparar la siguiente actividad, proponga a los alumnos un juego. Fotocopie la ficha 13 (pág. 117) tantas veces como grupos de tres pueda formar. Empieza la persona más joven. Tira el dado y avanza según la puntuación obtenida. Si puede completar la frase de la casilla en la que cae o decir una frase con la parte del cuerpo que corresponde al dibujo, gana un punto; si no, tiene que volver a la casilla en la que estaba y el turno pasa a la persona de la izquierda. Así hasta que una persona llegue a la meta.

La belleza, ¿es subjetiva?

Objetivos
- Repasar y ampliar vocabulario para describir el aspecto físico de una persona.
- Presentar recursos para resumir el contenido de un texto.
- Repasar y sistematizar el uso de *pero* para contrastar y *sino* para corregir una información.
- Repasar recursos para mostrar acuerdo o desacuerdo.

8 a. Mire las fotos y describa a las personas. ¿Le parecen bellas? ¿Por qué?

Objetivos
- Práctica oral para repasar vocabulario para describir el aspecto físico de una persona y los recursos para expresar gustos o preferencias.
- Preparar la comprensión auditiva de 8b.

Para empezar
Para presentar el tema de la belleza, puede proponer a los alumnos que cierren los ojos y que piensen en lo que les sugiere la palabra "belleza". Después en el pleno, se comenta qué imagen les ha venido a la cabeza: *un cuadro, una puesta de sol, una flor, un animal*, etc. También puede proponer una lluvia de ideas y apuntar en la pizarra las palabras que mencionan los alumnos.

Procedimiento
- Comente a los alumnos que tienen que elegir una de las cuatro fotos para un artículo relacionado con el tema de la belleza.
- Por turnos, cada alumno describe la foto que ha elegido, explica sus motivos y dice qué persona no entra en su idea de belleza. Aclare en esta fase las posibles dudas de vocabulario.
- Al final, pregúnteles si están de acuerdo con la frase "La belleza es subjetiva".

8 b. Escuche a cuatro personas y relaciónelas con las fotos. ▶▶ 30 – 33

Objetivo
Comprensión auditiva global.

Procedimiento
- Explique a los alumnos que van a escuchar lo que dicen las cuatro personas sobre la belleza.
- Ponga la audición al menos dos veces y pídales que tomen nota de sus conceptos de belleza. Puede proponerles que escriban en sus cuadernos la siguiente tabla:

	información	foto
Persona 1		
Persona 2		
Persona 3		
Persona 4		

- Dígales que comparen sus notas con las de un compañero y que después relacionen cada persona con su correspondiente foto.
- Finalmente, los resultados se comprueban en el pleno.

Solución
1. chica del pelo lila, 2. señora mayor, 3. chico musculoso, 4. chica del tatuaje

9 a. ¿Qué es la belleza?

Objetivo
Comprensión lectora global.

Procedimiento
- Los alumnos leen los dos textos rápidamente, sin detenerse a entender cada una de las palabras, y deciden qué título es el más adecuado para cada uno de ellos.
- La primera persona que termine, se levanta y dice *tiempo*. Después da su respuesta y los otros compañeros dicen si están de acuerdo o no.

9 b. En parejas, cada uno/-a lee uno de los textos y subraya la información principal.

Objetivos
- Comprensión lectora selectiva.
- Práctica oral para resumir la información principal de un texto.

Procedimiento
- En parejas, cada persona elige un texto, lo lee en silencio y subraya la información más importante. Mientras tanto, pase por las mesas y aclare las posibles dudas de vocabulario.
- Cuando los alumnos terminen de leer, cierran los libros y hacen un resumen a su compañero.
- Escriba en la pizarra los recursos que hay en el margen derecho del libro o tenga preparada una transparencia. Insista en que los alumnos los usen para hacer su resumen.

9 Grandes momentos

9 c. ¿Cuál de los dos textos le convence más? ¿Por qué?

Objetivo
Práctica oral personalizada para hablar del contenido de un texto y dar una opinión.

Procedimiento
En el pleno, algunos alumnos explican a sus compañeros qué texto les convence más y por qué. Anímelos a que digan también con qué frases no están de acuerdo.

10 a. Argumentar y contrastar. Observe y complete las frases del cuadro.

Objetivo
Sistematizar el uso de *pero* para introducir un contraste o restricción y de *sino* para corregir una información.

Procedimiento
- Dirija la atención de los alumnos hacia la regla que tienen en el margen derecho.
- A continuación, dígales que completen las frases del cuadro con *pero* o *sino* según convenga.
- Las frases se comprueban en el pleno.

Alternativa
En lugar de escribir *pero* o *sino* en el lugar adecuado, puede darles las frases para que las completen con sus propias ideas. Para ello, escriba estas frases en la pizarra y déjeles tiempo para que piensen en un final:

> No llevo tatuajes, pero...
> Mi hermano es muy guapo, pero...
> María no es joven, pero...
> Mi hija no se pinta los labios, sino...
> Nuestro concepto de belleza no es cultural, sino...

10 b. Temas de discusión.

Objetivos
- Comprensión lectora detallada.
- Práctica escrita y oral semiguiada para debatir sobre el tema de la belleza.

Procedimiento
- Los alumnos, en parejas, leen las opiniones y marcan en la casilla correspondiente si están de acuerdo o no.
- Al lado de cada punto toman nota de sus razones y ejemplos con los que puedan aclarar mejor sus ideas.
- A continuación, comienza el debate y los alumnos dan por turnos su opinión. Procure que usen los recursos que tienen al margen para mostrar acuerdo o desacuerdo.
- Durante el debate, usted actúa como moderador, introduciendo los temas, otorgando el turno de palabra, controlando el tiempo de intervención y resumiendo o reformulando las opiniones expresadas para garantizar que todos puedan seguir el curso del debate.
- Vaya anotando los errores que se cometan para comentarlos al final de la actividad.

Alternativa
En lugar de debatir todas las opiniones, puede dividir la clase en 6 grupos y asignar a cada uno de ellos una de las opiniones para que debatan sobre ella. Al final, un portavoz explica al resto de la clase si la mayoría de los compañeros de su grupo estaba de acuerdo o no con la opinión de la tabla y qué razones se han dado a favor y en contra.

Tarea final. Organizamos una fiesta

Objetivo
Práctica oral y escrita de los contenidos y recursos de la unidad en un contexto personalizado auténtico.

Procedimiento
- Comente a los alumnos que sería una buena idea organizar algún tipo de evento para reunir a los estudiantes de todos los cursos de español.
- Propóngales la idea de organizar una fiesta latina y dígales que para pedir apoyo y dinero a su institución tienen que elaborar un plan detallado de lo que piensan hacer.
- En grupos de tres o cuatro personas, los alumnos deciden primero los siguientes puntos: fecha y duración de la fiesta, lugar, decoración, comida, programa y música. Es importante también que piensen en cómo van a repartir las tareas, los costes y el texto de la invitación.
- A continuación, hacen un resumen con todos los detalles del proyecto. El modelo que tienen les puede servir de guía. Mientras los grupos trabajan,

resuelva usted posibles dudas y ayúdeles para que la propuesta no contenga errores.
- Cada grupo presenta su propuesta al resto de la clase, que da su opinión al final.
- En el pleno se elige la mejor propuesta. Recuérdeles la importancia de guardar todos los escritos en el dossier de su portfolio.

Amor imposible

Objetivos
Comprensión lectora global, comprensión auditiva global y práctica escrita.

Capítulo 7: Una visita ⏩ 34

Procedimiento
- Lea en voz alta el texto de la página 84. Pida a los alumnos que se pongan en la situación que presenta el texto y pregúnteles qué café les gustaría tomar con Raúl, Nuria, Joaquín y su jefa.
- Ponga la audición una vez y pregunte a sus alumnos qué les parece el nuevo personaje y el actor que lo interpreta y si les gusta el giro que está tomando la novela.
- Invítelos a que imaginen qué va a pasar en el próximo capítulo y recuérdeles que preparen el resumen de lo que han escuchado.

Con sabor

Objetivos
- Comprensión lectora global y práctica oral para presentar un producto típico del mundo hispanohablante: el tomate.
- Práctica escrita.

Procedimiento
- Pregunte a los alumnos qué productos relacionan con el color rojo. Seguramente, mencionarán la palabra *tomate*. Aproveche entonces para señalar la foto de la página y pregúnteles si han visto alguna vez tomates amarillos, verdes, naranjas o negros y si comen tomates con frecuencia y en qué forma.
- Invítelos a leer el texto y a escribir después un resumen con la información más importante en forma de entrada en una enciclopedia. Este ejemplo para completar les puede ayudar:

> Fruto de la tomatera que tiene su origen en .... Su nombre viene del .... y significa .... Suelen ser de color ...., pero también hay ....
> Esta fruta es muy valorada por ....

- Pregunte en el pleno si alguien conoce la bebida "Bloody Mary" y cómo se prepara. Después, los alumnos ordenan la receta del gazpacho que tienen en el libro.
- Por último, escriba en la pizarra una tabla con estos colores y pida a los alumnos que escriban en sus cuadernos todos los alimentos que recuerden en un máximo de tres minutos.

> rojo
> amarillo
> azul
> negro
> naranja
> verde
> marrón

- Haga una puesta en común en el pleno y anote en la pizarra los alimentos que mencionan los alumnos.

10 Mundos en contacto

1 **a. Mire las fotos. ¿De dónde podrían ser?**

Objetivos
- Activar vocabulario relacionado con la descripción de paisajes.
- Preparar la comprensión auditiva de 1b.

Procedimiento
- Dirija la atención de los alumnos hacia las imágenes y pídales que lean después los pies de foto.
- A continuación, dígales que escriban al menos cuatro palabras que relacionen con cada una de las fotos. Es importante que este paso lo hagan de forma individual pues cada persona tendrá asociaciones diferentes.
- Pasado un tiempo, forme grupos de tres personas e invítelos a que comparen sus listas de palabras y a que hagan hipótesis sobre el país o la región de donde podrían ser las fotos. Mientras, escriba en la pizarra los tres lemas.
- En el pleno, pregunte a cada grupo con qué país o región relacionan las fotos y qué palabras asocian con cada foto y apúntelas en la pizarra bajo el lema correspondiente.

1 **b. Escuche tres textos publicitarios. ¿A qué foto se refiere cada uno?** ▶▶ 35-37

Objetivos
- Comprensión auditiva selectiva.
- Activar vocabulario y conocimiento del mundo.

Procedimiento
- Para preparar la audición, pida a los alumnos que lean los grupos de palabras y que escriban al lado el nombre del país o de la región que relacionan con ellos.
- Después ponga la audición una vez y pídales que escriban al lado de cada foto el número del texto publicitario (1-3) al que se refiere cada uno.
- Al final, en el pleno se comprueban los resultados y los alumnos comentan si sus hipótesis eran ciertas o no.

Solución
Texto 1
Piedra, agua, aire, alma. ¿La sientes?, región: Galicia.
Texto 2
El corazón del Caribe, país: Puerto Rico.
Texto 3
El secreto mejor guardado de Sudamérica, país: Bolivia.

De aquí y de allá

Objetivos
- Repasar y ampliar vocabulario para hablar de geografía, cultura y sociedad.
- Repasar y ampliar recursos para hablar del paisaje y clima de un país.

2 **a. Participe en el gran concurso para ganar un viaje.**

Objetivo
Repasar y ampliar de forma lúdica vocabulario para hablar de geografía y cultura.

Procedimiento
- Explique a los alumnos que van a participar en un concurso de una revista que sortea unas vacaciones de lujo para dos personas. Para ello tendrán que contestar a 12 preguntas relacionadas con el mundo latinoamericano.
- Antes de empezar, puede preguntarles si creen que conocen muchos o pocos aspectos del mundo latinoamericano. Aclare que el objetivo de la actividad es ampliar vocabulario y que en absoluto se trata de un examen de geografía o cultura.
- Déjeles tiempo para que lean y contesten las preguntas.
- Después, en grupos de tres, los alumnos comparan sus respuestas. En caso de que no coincidan, deben

explicar por qué creen que la opción elegida es la correcta.
- Al final, en el pleno, se comentan los resultados. Para ello puede leer usted en voz alta las respuestas correctas o pedir a un grupo que dé su versión y los otros dicen si están de acuerdo o no.

Solución
1. México, 2. Guatemala y Belice, 3. El Salvador, 4. desierto, 5. La República Dominicana, 6. Puerto Rico, 7. a más de 3.000 m, 8. Aconcagua, 9. una comida, 10. una península, 11. República Dominicana, 12. Uruguay

2 b. Un concurso sobre el mundo hispano.

Objetivo
Práctica oral y escrita lúdica para activar conocimientos del mundo hispano.

Procedimiento
- Divida la clase en dos grupos. Entrégueles cinco tarjetas para que escriban en cada una de ellas una pregunta sobre el mundo hispano tomando como modelo las que hay en el libro. Si no tienen muchas ideas, anímelos a que busquen en unidades anteriores del libro.
- Acuerden un tiempo máximo para escribir las preguntas. Mientras los grupos trabajan, ayúdelos a resolver cualquier tipo de duda que les surja.
- Pasado este tiempo, organice el concurso: los dos grupos se sitúan frente a frente y cada equipo hace una pregunta al otro, que tiene solo 30 segundos para responder. Controle el tiempo asignado a cada equipo e intervenga en caso de que haya dudas.
- Gana el equipo que más preguntas acierte.

3 a. Datos básicos de un país.

Objetivo
Ampliar vocabulario para dar datos básicos de un país.

Procedimiento
- Pida a los alumnos que miren la ficha y pregúnteles en qué tipo de libro o revista creen que puede aparecer una información así. A continuación pídales que lean las palabras que tienen en la lista y que completen con ellas la ficha del país. Aclare que se trata de una revista de viajes.
- Deje un par de minutos para que en parejas comprueben sus fichas y dígales que decidan a qué país de la primera página creen que corresponden esos datos.

- Los resultados se comentan en el pleno. Aproveche para preguntarles si les ha llamado especialmente la atención alguna de las informaciones, si alguien ha estado allí, o si conocen información adicional.

3 b. Describir un país o una región.

Objetivo
Fijar y ampliar vocabulario para describir un país.

Procedimiento
- Pida a los alumnos que busquen en los textos anteriores (primera página, test de Latinoamérica y ficha de Puerto Rico) todas las palabras que pueden usar para describir un país y que las clasifiquen según las cuatro categorías que se mencionan: paisaje, clima, religión y cultura.
- Anímelos a que en parejas amplíen la lista con más ejemplos que conozcan.
- La pareja que más palabras encuentre, las lee en voz alta. Mientras, escriba usted las palabras en la pizarra.
- Por último, pregunte a las otras parejas si tienen otras palabras que no se hayan mencionado.

4 ¿Qué es?

Objetivo
Práctica escrita y oral lúdica del vocabulario para describir un país o una región.

Procedimiento
- Pida a los alumnos que piensen en un lugar y que escriban algunas notas para describirlo como en el modelo.
- Después, por turnos, cada persona lee su descripción del lugar y los otros compañeros intentan adivinar de qué lugar se trata.

Alternativa
Entregue a cada alumno un "post-it" y pídales que individualmente escriban el nombre de un lugar. Recójalos y pegue al azar a cada alumno uno de los "post-it" en la espalda sin mostrarles el lugar que hay escrito. Los alumnos se mueven por la clase y hacen preguntas a sus compañeros para adivinar el lugar que tienen, p. ejemplo: *¿Es una ciudad? ¿Es un país? ¿Está en la costa? ¿Llueve mucho?* Las preguntas solo pueden responderse con *sí* o *no*. Cuando alguien adivina el lugar que llevaba pegado en la espalda, se queda de pie respondiendo a las preguntas de los compañeros que todavía no han adivinado su lugar.

10 Mundos en contacto

Lenguas en contacto

Objetivos
- Presentar estrategias para comprender una exposición oral.
- Presentar estrategias y recursos para hacer una presentación.
- Introducir las formas y el uso del perfecto de subjuntivo.

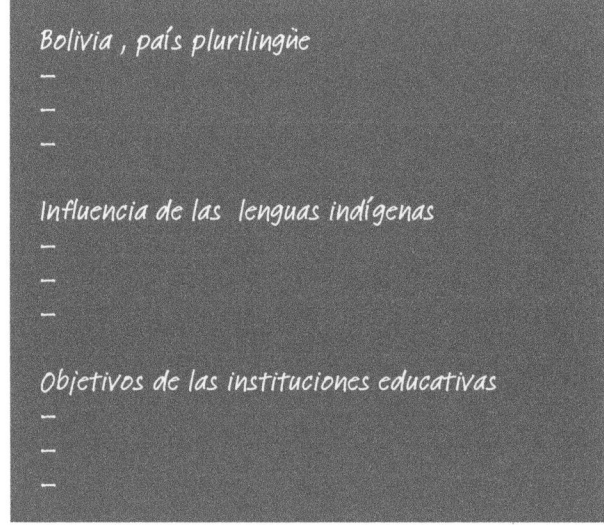

5 a. Un experto habla sobre las lenguas de Bolivia.

Objetivo
Preparar la comprensión auditiva de 5b.

Procedimiento
- Explique a los alumnos que van a escuchar una breve conferencia sobre las lenguas que se hablan en Bolivia.
- Para prepararse, pídales que lean las frases y que marquen si creen que son verdaderas o falsas.

Observación
De momento no haga una puesta en común para comprobar si las afirmaciones son correctas o falsas, ya que se verá más adelante. En este paso solo se trata de crear expectativas sobre lo se que va a escuchar en la conferencia.

5 b. Escuche la conferencia del experto y compruebe sus hipótesis. ▶ 38–39

Objetivo
Comprensión auditiva global.

Procedimiento
- Ponga la audición una vez y no haga ninguna pausa. Es importante que los alumnos se vayan acostumbrando a este tipo de texto: debido a su larga duración es posible que les resulte difícil mantener la atención.
- A continuación, deje tiempo a los alumnos para que en parejas comprueben sus hipótesis con lo que han escuchado.
- Luego, escriba en la pizarra los tres aspectos que aparecen en el libro y explíqueles que sirven para estructurar el texto:

- Ponga de nuevo la audición. Esta vez puede hacer una pausa entre las pistas 38 y 39. Anímelos a que tomen notas sobre esos tres aspectos.
- Comenten las informaciones en el pleno y anótelas en la pizarra. Pregunte a los alumnos qué información les ha sorprendido más y por qué.

Solución
verdadero: 2 (influencia de las lenguas indígenas)
falso: 1, 3, 4

5 c. Un resumen.

Objetivo
Práctica escrita semicontrolada.

Procedimiento
- Pida a los alumnos que escriban un resumen de la conferencia con ayuda de las notas que han tomado.
- El resumen se puede escribir en casa o en clase, en cuyo caso es mejor acordar un tiempo máximo para realizar la actividad.
- Cuando los textos estén listos, forme parejas y pídales que comparen sus textos y comprueben si tienen la misma información o no.

Alternativa
Las parejas intercambian los textos y hacen de redactores: controlan si el texto de su compañero tiene la información más importante y si no, le hacen sugerencias de cómo mejorarlo. Además, también deben comprobar aspectos como la gramática, el vocabulario y la ortografía.

6 a. Introducción y despedida.

Objetivo
Presentar el perfecto de subjuntivo en un contexto significativo y deducir la regla para su formación.

Procedimiento
- Comente a los alumnos que el experto ha usado durante su conferencia una forma verbal nueva.
- Pídales que lean los dos textos con la transcripción de la introducción y despedida y que marquen los ejemplos de esa nueva forma verbal.
- A continuación, pídales que completen el cuadro y la regla que tienen en el margen izquierdo. Insista en que este tiempo se usa en los mismos casos que el presente de subjuntivo, pero cuando nos referimos a un pasado reciente.

6 b. Problemas en la conferencia. ¿Qué ha pasado?

Objetivo
Práctica significativa de las formas del presente y perfecto de subjuntivo para expresar probabilidad.

Procedimiento
- Pida a los alumnos que lean primero las cinco situaciones que se plantean en la actividad. Después, en el pleno, pregúnteles si ellos han vivido alguna situación igual o similar. En caso afirmativo, invite a algunos alumnos a que cuenten algún detalle sobre esa experiencia.
- A continuación, anímelos a que imaginen qué ha podido pasar y a que formulen sus hipótesis. Recuérdeles que si la hipótesis se refiere al presente, deben usar el presente de subjuntivo, y si se refiere al pasado, deben usar el perfecto.

> *Situación 1:*
> *Es posible que la conferencia sea mañana.*
> *Es posible que la conferencia haya sido a otra hora.*

6 c. ¿Y usted? ¿Ha tenido que hablar en público (examen, trabajo…)? ¿Qué tal?

Objetivo
Práctica oral personalizada sobre experiencias con presentaciones.

Procedimiento
- Pregunte a los alumnos si han tenido que presentar alguna vez algo en público. Comente que no siempre tiene que estar relacionado con su trabajo: algunas personas probablemente hayan hecho un discurso o presentación en una situación especial como una boda, un aniversario o un cumpleaños, o también durante su tiempo en la escuela o la universidad. Pídales que expliquen si se sintieron nerviosos, inseguros o todo lo contrario.
- A continuación, forme grupos de tres personas. Déjeles tiempo para que cuenten una experiencia y si tuvieron problemas por alguna cuestión técnica.

7 a. Preparar una presentación.

Objetivos
- Preparación de la actividad 7b.
- Sistematizar recursos para hacer una presentación.

Procedimiento
- Pida a los alumnos que completen en su cuaderno el mapa asociativo con las expresiones que tienen en la actividad.
- Anímelos a que lo completen con otras expresiones que han visto en la lección, que ya conozcan, o las que tienen en la transcripción de la conferencia sobre las lenguas en Bolivia (página 204).
- Si es posible, tenga preparada una transparencia con el mapa conceptual o escríbalo en la pizarra.
- Invite a los alumnos a decirle dónde colocarían las expresiones de la lista y pregúnteles qué otros ejemplos han encontrado.

Alternativa
Fotocopie la transcripción de la presentación de las lenguas en Bolivia. Pida a los alumnos que marquen primero en el texto las partes de la presentación: saludo y presentación del ponente, introducción del tema, desarrollo, conclusión y despedida. A continuación, pídales que completen el mapa asociativo con los ejemplos del texto y que añadan al final las palabras de la lista de la actividad 7a que el ponente no usó.

7 b. Una pequeña presentación.

Objetivo
Práctica oral libre (monólogo sostenido).

Procedimiento
- Comente a los alumnos que van a preparar pequeñas presentaciones de dos minutos sobre temas de carácter muy general y sobre los que todo el mundo tiene algo que decir: su ciudad, un libro o película recomendable, su trabajo y una alimentación sana.

10 Mundos en contacto

- Insista en que el aspecto más importante para realizar con éxito una presentación es prepararse bien. Por eso es importante que dediquen tiempo a hacer una lista con los puntos del tema que quieren tratar y pensar en la estructura de la presentación. Recuérdeles que durante la presentación, deberían usar el guion que van a preparar y hablar libremente sobre cada uno de los puntos en lugar de leer el texto.
- Déjeles diez minutos para la preparación y al final anime a varios voluntarios a que presenten su tema a la clase.

Alternativa
Presente los cuatro temas sobre los que se puede hacer la presentación y divida la clase en cuatro grupos dependiendo del tema que quieran presentar. Déjeles tiempo para que en cada grupo hagan una lluvia de ideas sobre el tema. Al final, pídales que elijan tres o cuatro puntos que les gustaría tratar en su presentación y que decidan cómo van a estructurarla. Si quieren pueden escribir las ideas principales en pequeñas tarjetas que pueden consultar durante la presentación. Al final, un voluntario de cada grupo hace su presentación a la clase.

Perdón, ¿cómo ha dicho?

Objetivos
- Presentar el estilo indirecto en el pasado.
- Hablar del fenómeno del *spanglish*.
- Repasar recursos para dar una opinión sobre un tema.

8 a. ¿Ha escuchado hablar del 'spanglish'? ¿Se imagina lo que es y dónde se habla?

Objetivo
Comprensión lectora global.

Procedimiento
- Escriba en la pizarra la palabra *spanglish* y pregunte en el pleno si alguien ha oído hablar de esta lengua y si puede explicar qué es.
- Si nadie sabe lo que es, anímelos a que hagan hipótesis sobre el origen de la palabra.
- A continuación, dígales que van a leer una entrevista del periódico español *La Vanguardia* con Ilan Stavans, un filólogo y catedrático de cultura latinoamericana, en la que se habla del origen y la importancia del *spanglish*.

- Después de leer el texto, pídales que marquen la frase que mejor resume el punto de vista del experto.

Para ampliar
Anime a los alumnos a realizar las actividades relacionadas con el fenómeno del spanglish que encontrarán en *congusto online*.

8 b. ¿Existe algo parecido en su idioma? 'Homepage', 'hotline, 'wellness'... ¿cuántas palabras inglesas ha utilizado hoy?

Objetivos
- Sensibilizar a los alumnos sobre el uso de palabras extranjeras en el día a día.
- Práctica oral libre.

Procedimiento
- En el pleno, pregunte a los alumnos si existe algo similar al fenómeno del "spanglish" en su propia lengua.
- A continuación, escriba en la pizarra las palabras "homepage", "hotline" y "wellness". Anímelos a que encuentren un equivalente en su lengua.
- Coménteles que estas palabras son solo un ejemplo de las muchas que la gente usa a diario. Pregunte a algún alumno cuántas palabras inglesas ha usado hoy, en qué situación y con quién hablaba.
- Pídales que en parejas escriban una lista con las palabras extranjeras que suelen utilizar. Tienen como máximo dos minutos.
- Pasado este tiempo, pídales que observen de qué lengua proceden la mayoría de las palabras que han escrito y que escriban al lado el equivalente en su idioma y si conocen la traducción en castellano.
- Por último, escriba en la pizarra la siguiente pregunta: *¿Se debería prohibir el uso de palabras extranjeras en los medios de comunicación?*
- Anime a dar a los alumnos su opinión en el pleno y a justificar su punto de vista.

Alternativa
Si tiene tiempo para organizar un pequeño debate, divida la clase en dos grupos: los que están de acuerdo con la prohibición de las palabras extranjeras en los medios de comunicación (grupo A) y los que están en contra (grupo B). Déjeles tiempo para que preparen sus argumentos. A continuación, pida a un voluntario que haga de moderador e invite al resto de la clase a sentarse en círculo. El moderador ofrece el turno de palabra a una de las personas del grupo A, que expone una de sus ideas. Después, una persona del grupo B, contraargumenta y así sucesivamente.

9 a. ¿Qué dijo el profesor Stavans?

Objetivo
Comprensión lectora detallada para presentar el estilo indirecto en el pasado en un contexto significativo.

Procedimiento
- Explique a los alumnos que van a leer el correo de un estudiante, David, que escribe a una compañera de clase que no pudo ir a la conferencia del profesor Stavans sobre el "spanglish".
- Pídales que lo lean y que subrayen la información equivocada y la corrijan según el texto que leyeron en la página 92.
- Pida a varios voluntarios que, por turnos, le digan qué información han corregido.

9 b. El estilo indirecto en pasado. Lea otra vez el correo y complete el cuadro y la regla.

Objetivo
Sensibilizar sobre los cambios de tiempo que se producen al pasar del estilo directo al indirecto en pasado.

Procedimiento
- Pida a los alumnos que vuelvan a leer el texto y que completen las frases del cuadro con las formas verbales que aparecen en el texto.
- Pídales que se fijen en los cambios que se producen en los tiempos verbales cuando se pasa del estilo directo al indirecto en pasado y que completen entonces la regla que tienen al margen. Insista en que esos cambios afectan también a pronombres y adverbios, como se puede ver en el ejemplo en el margen derecho.

9 c. Comentarios después de la conferencia. ¿Qué dijeron?

Objetivo
Práctica controlada del estilo indirecto en pasado.

Procedimiento
- Pida a los alumnos que escriban en sus cuadernos las opiniones del público que asistió a la conferencia. Puede retomar los verbos de la unidad 3, pág. 31, preguntándoles si los recuerdan y apuntándolos en la pizarra:

| Alguien
Una persona
Uno de los asistentes | comentó
dijo
afirmó
explicó | + que... |
| | preguntó | + si / qué / cómo |

- Insista en que presten atención a los cambios al pasar de estilo directo a indirecto.
- Dígales que comparen sus frases con las de su compañero.
- Al final, haga una puesta en común en el pleno.

10 ¿Y usted qué opina?

Objetivo
Práctica oral libre de recursos para dar una opinión.

Procedimiento
- Divida la clase en dos grupos y pídales que elijan a una persona que haga de secretario. Su tarea consistirá en tomar nota de lo que digan sus compañeros.
- Explíqueles que tienen que dar su opinión sobre cuatro temas relacionados con las lenguas. Para comentar cada uno de los temas se les dejará un máximo de tres minutos. En cada uno de los grupos, el secretario lee uno de los temas en voz alta y los compañeros dan su opinión. Pasado el tiempo, el secretario hace una señal y pasa al siguiente tema, así sucesivamente hasta que se hayan tratado todos.
- En el pleno, cada secretario presenta un resumen de lo que han dicho sus compañeros con ayuda de sus notas.

Tarea final.
De aquí venimos

Objetivo
Práctica oral y escrita de los contenidos y recursos de la unidad en un contexto personalizado auténtico.

Procedimiento
- Explique a los alumnos la situación: han recibido una invitación para participar en el congreso *Culturas en contacto* y tienen que hacer una presentación de su país o de su región.

10 Mundos en contacto

- Divida la clase en tres grupos y pídales que hagan una lluvia de ideas con los aspectos que van a tratar.
- Cuando hayan fijado los aspectos que quieren presentar, pídales que decidan cómo van a estructurar la presentación. Para ello tendrán que tener en cuenta el esquema que completaron en la página 91: saludo, introducción, desarrollo de las ideas principales, conclusión y despedida.
- Dígales que tengan en cuenta los conectores necesarios para dar cohesión a sus presentaciones y que todo siga un orden lógico.
- A continuación, pídales que preparen una hoja con los puntos que van a tratar. Esta hoja se repartirá entre las personas que van a escuchar la presentación.
- Al final, un voluntario de cada grupo hace la presentación. Antes de empezar con las presentaciones, entregue a cada alumno una fotocopia de la ficha 14 (pág. 118) con los aspectos que van a valorar durante la presentación de los otros grupos.
- Después de que se hayan hecho las presentaciones, en cada grupo los alumnos comentan sus valoraciones e intentan llegar a una valoración única. Al final, un miembro del grupo da a sus compañeros sus comentarios sobre cada una de las notas que han obtenido, explicándoles por qué.

Amor imposible

Objetivos
Comprensión lectora y auditiva global y práctica escrita.

Capítulo 8: Una canción 40

Procedimiento
- Explique a los alumnos que "su jefa" tiene dos versiones de la canción que se va a escuchar en el capítulo y que no sabe cuál es la correcta. Dirija su atención hacia los dos textos y dígales que su tarea consistirá en escuchar el capítulo y marcar cuál es la versión que se escucha.
- Ponga la audición una vez para que los alumnos se concentren en el texto de la canción.
- Haga una pausa y después ponga la audición una vez más para que los alumnos comprueben de nuevo el texto. También pueden tomar notas para hacer después el resumen del capítulo.

Solución
Hoy me he decidido
Sigo tu camino,
lo he dejado todo
por ti.

No sé dónde has ido,
si lograré encontrarte,
si perdonas,
si vuelves a mí.

Será algo muy importante,
será un amor imposible.

Con sabor

Objetivo
Comprensión lectora global y práctica oral para presentar un producto típico del mundo hispanohablante: el jamón.

Procedimiento
- Señale la foto con los jamones y pregunte a los alumnos si han probado el jamón alguna vez y si les gusta o no.
- Pídales que lean el texto y que con ayuda de la información que contiene escriban el siguiente glosario:

> Calidad Bodega:
> Calidad Reserva:
> Curar:
> Serrano:
> Calidad bellota:
> Cerdo Ibérico:
> Cuchillo jamonero:
> Maestro jamonero:

- Haga una puesta en común en el pleno e invite a diferentes alumnos a que lean por turnos sus definiciones.
- Por último, comenten en el pleno las preguntas que aparecen en el texto.

Solidarios 11

1 a. Observe las fotos. ¿Por qué motivos cree que las personas salen a la calle?

Objetivo
Activar el vocabulario relacionado con problemas sociales.

Procedimiento
- Dirija la atención de los alumnos hacia las imágenes.
- A continuación, pídales que relacionen las fotos con los motivos de la lista por los que creen que las personas salen a la calle. Aproveche esta fase para aclarar las posibles dudas de vocabulario.
- Por último, haga una puesta en común en el pleno.

1 b. ¿Ha visto manifestaciones en su país o ciudad? ¿Por qué o contra qué?

Objetivo
Práctica oral personalizada.

Procedimiento
- En el pleno, pregunte a los alumnos si han visto en su país o ciudad alguna manifestación y si recuerdan el motivo por el que la gente se manifestaba. Mientras, apunte las razones en la pizarra.
- Después, invítelos a que cuenten si han estado alguna vez en una manifestación y cómo fue la experiencia.

1 c. Escuche un reportaje. ¿Qué están reclamando los manifestantes? ▶▶ 41

Objetivo
Comprensión auditiva global.

Procedimiento
- Explique a los alumnos que van a escuchar una parte de un reportaje para la radio sobre una noticia.
- Ponga la audición una vez y pídales que escriban en sus cuadernos tres palabras clave.

- Dígales que comparen sus palabras con las del compañero y ponga de nuevo la audición.
- Al final, pregunte en el pleno qué reclaman los manifestantes y a qué foto hace referencia el reportaje.

Solución
Los manifestantes reclaman sus derechos, un cambio del sistema y tener una democracia real.

Si todos colaboráramos...

Objetivos
- Repasar y ampliar vocabulario relacionado con los problemas sociales y la situación política.
- Presentar el imperfecto de subjuntivo: formas y su uso para expresar condiciones improbables o imposibles.
- Presentar la estructura *como si* + imperfecto de subjuntivo para hacer comparaciones irreales.

2 a. Estos logos pertenecen a diferentes organizaciones. ¿Qué actividades cree que realizan? ¿Existen asociaciones parecidas en su país?

Objetivos
- Activar el vocabulario relacionado con organizaciones y problemas sociales.
- Preparar la comprensión lectora de 2b.

Procedimiento
- Señale los diferentes logos y explique a los alumnos que corresponden a diferentes organizaciones sociales españolas. En parejas, pídales que comenten entre ellos qué tipo de actividades creen que realizan.
- Haga una puesta en común en el pleno y después pregunte a la clase si en su país existen asociaciones parecidas.

11 Solidarios

2 b. ¿Qué asociaciones apoyan estas personas?

Objetivo
Comprensión lectora selectiva.

Procedimiento
- Proponga a los alumnos que lean individualmente los textos. Se trata de comentarios que hacen seis personas sobre las razones para pertenecer a una de las asociaciones mencionadas en la actividad 2a.
- Pídales que relacionen cada comentario con la asociación correspondiente.
- Haga una puesta en común en el pleno.

Observación
De momento, no entre en explicaciones sobre la nueva forma verbal, que se verá en las siguientes actividades. Lo importante es que se concentren en el contenido y no en la forma.

Para ampliar
Anime a los alumnos a buscar más información sobre el trabajo de estas organizaciones con ayuda de las actividades que se proponen en *congusto online*.

2 c. ¿Colabora o ha colaborado con alguna asociación?

Objetivo
Práctica oral personalizada.

Procedimiento
- En el pleno o en pequeños grupos, pregunte a los alumnos si colaboran o han colaborado anteriormente en alguna asociación y pídales que cuenten brevemente qué actividades realiza o realizaba. Para ello, dirija su atención a la tabla de recursos que aparece a la izquierda.
- Invite a aquellas personas que no pueden hablar de una experiencia personal a que elijan una de las asociaciones que han visto en la actividad anterior, y dígales que expliquen por qué les gustaría colaborar con ella.

3 a. ¿Real o no?

Objetivo
Presentar las formas del imperfecto del subjuntivo y su uso para expresar una comparación irreal.

Procedimiento
- Escriba en la pizarra las frases: *Tratan a los animales como si fueran objetos* y *Nos comportamos como si los mayores no existieran*.
- Pregunte a los alumnos qué creen que expresa esa nueva forma verbal. Para ayudarlos puede preguntarles: *¿Son los perros realmente objetos? ¿No existen realmente los mayores?* Se trata de que lleguen a la conclusión de que el imperfecto de subjuntivo se usa para expresar que algo no es real: en realidad los perros no son objetos y los mayores sí existen.
- Dirija su atención hacia la regla que tienen en el margen derecho y explíqueles que para formar el imperfecto de subjuntivo se parte de la 3ª persona del plural del indefinido y que después se añaden las terminaciones, como ven en el ejemplo de la tabla con los verbos *colaborar* y *ser/ ir*.
- Por último, pídales que completen el cuadro con las formas que faltan, teniendo en cuenta las terminaciones de los verbos en *-ar*, e insista en la forma de los verbos irregulares.

3 b. Gimnasia verbal y corporal.

Objetivo
Práctica oral lúdica para fijar las formas del imperfecto de subjuntivo.

Procedimiento
- Pida a los alumnos que se pongan de pie para realizar la actividad. Represente con mímica la actividad del ejemplo (tocar la flauta) y pregunte a los alumnos qué está haciendo. Los alumnos probablemente no tardarán en responder *tocar la flauta*. Aproveche entonces para decir: *Sí, estoy haciendo como si tocara la flauta* y escriba la frase en la pizarra. Subraye entonces *como si* e insista en que en esta construcción deben usar el imperfecto de subjuntivo.
- Dígales que ahora les toca a ellos representar una actividad. Un voluntario elige una de las actividades de la lista, y los otros intentan adivinarla. El primero que la identifique y además lo exprese correctamente siguiendo el modelo, continúa con la representación de otra actividad. Así sucesivamente hasta que hayan representado todas las actividades o todos los alumnos hayan participado.

Observación
Esta actividad, además de estar pensada para alumnos con una inteligencia cinestésica especialmente desarrollada, permite practicar un aspecto de la gramática de una manera más informal y relajar el ambiente.

3 c. ¿Cuáles de estas frases son más / menos probables?

Objetivos
- Sensibilizar a los alumnos sobre la diferencia entre las condiciones más o menos probables.
- Repasar las formas del futuro y el condicional.

Procedimiento
- Dirija la atención de los alumnos hacia los ejemplos de la tabla y pídales que identifiquen la forma verbal de las condiciones y consecuencias. Para ayudarlos, puede escribir este esquema en la pizarra y completarlo en el pleno:

	condición	consecuencia
+ probable	presente de indicativo	futuro
– probable	imperfecto de subjuntivo	condicional

- Después, anímelos a buscar en los comentarios de la actividad 2b más ejemplos para completar la tabla.
- Finalmente, los resultados se comprueban en el pleno. Aproveche la ocasión para repasar las formas del futuro y del condicional.

3 d. Relacione estas partes de frases. ¿Cuáles son más probables y cuáles menos?

Objetivo
Práctica controlada para fijar la diferencia entre las condiciones más y menos probables.

Procedimiento
- Pida a los alumnos que relacionen las partes de frases. Además de fijarse en el sentido de la frase, también deben tener en cuenta los tiempos verbales.
- Dígales que cuando tengan todas las frases completas, marquen al lado si se trata de condiciones probables o menos probables.
- Haga una puesta en común en el pleno.

Para ampliar
Fotocopie la ficha 15 (pág. 119) y proponga a los alumnos que lean las frases que expresan la condición y que en grupos escriban una posible consecuencia. Las propuestas formarán parte de una campaña publicitaria para animar a los ciudadanos a comprometerse.

4 a. ¿Sería una gran ventaja o una pena?

Objetivo
Práctica controlada para fijar el uso del imperfecto de subjuntivo en las oraciones condicionales.

Procedimiento
- Pida a los alumnos que lean las frases y que decidan en cada caso si sería para ellos una gran ventaja o una pena que pasaran esas cosas. Si quieren, pueden escribir delante de cada frase una 'V' (ventaja) o una 'P' (pena).
- Después, escriba las frases modelo en la pizarra y subraye la estructura fija que tienen que practicar los alumnos en sus frases. Recuérdeles que tienen que usar el imperfecto de subjuntivo en la frase condicional:

> Sería una gran ventaja si no tuviéramos que pagar impuestos.
>
> Sería una pena si se prohibiera la participación de los niños en las manifestaciones políticas.

- A continuación, los alumnos, en cadena, van formulando sus opiniones. Esté atento al uso correcto de las formas de imperfecto de subjuntivo.

4 b. Consecuencias absurdas.

Objetivo
Práctica lúdica para fijar el uso del imperfecto de subjuntivo en las oraciones condicionales.

Procedimiento
- Escriba en la pizarra las situaciones que se plantean en la actividad.
- Forme parejas y pídales que elijan una de las situaciones. Durante cinco minutos, los alumnos tendrán que imaginar algunas posibles consecuencias.
- Invite a los alumnos a presentar sus ideas y vaya tomando nota de lo que dicen debajo de la situación correspondiente.
- Después, en las mismas parejas de antes, los alumnos deciden qué consecuencia les ha parecido más original para cada caso.
- Al final, pida a cada pareja que diga qué consecuencias han elegido y márquelas en la pizarra con una cruz. Las tres propuestas con más cruces son las ganadoras.

11 Solidarios

Un movimiento ciudadano

Objetivos
- Repasar el uso del subjuntivo para expresar deseos y sentimientos y valorar una información.
- Ampliar vocabulario relacionado con acciones de protesta.
- Repasar vocabulario para expresar obligación y necesidad.
- Introducir recursos para expresar rechazo.
- Presentar el uso del imperfecto de subjuntivo en frases subordinadas en el pasado.

5 a. Pancartas de una manifestación. ¿Qué reivindica la gente?

Objetivos
- Práctica controlada para repasar el uso del subjuntivo con expresiones de deseo.
- Activar vocabulario sobre política.

Procedimiento
- Dirija la atención de los alumnos hacia las pancartas que tienen en el libro. Pregúnteles en qué país o ciudad podrían hacer los ciudadanos este tipo de reivindicaciones y si estas les parecen actuales.
- Después, pídales que completen las frases usando los temas de las pancartas. Recuérdeles que las expresiones de deseo, sentimiento y valoración exigen el subjuntivo.
- Al final, los resultados se comprueban en el pleno.

Para ampliar
En el pleno, proponga una lluvia de ideas sobre el tema "grandes problemas de mi ciudad". Después, entregue a cada pareja una hoja, si es posible de colores diferentes. Pida a los alumnos que elijan uno de los problemas y que hagan una pancarta para expresar su reivindicación. A continuación, las pancartas se cuelgan en la clase y los alumnos se levantan para leerlas todas. Finalmente se ponen delante de la reinvindicación que creen que es más urgente o importante.

6 a. Antes de leer el siguiente texto, ¿cuáles de estas palabras cree que van a aparecer?

Objetivo
Comprensión lectora global.

Procedimiento
- Explique a los alumnos que van a leer un texto relacionado con un fenómeno social conocido como "El 15-M".
- Antes de empezar con la lectura, pídales que observen las fotos que acompañan al artículo y que después marquen las palabras de la lista que creen que van a aparecer en el texto.
- Invite a uno o dos voluntarios a que lean las palabras que han marcado y pídales que justifiquen su elección.
- A continuación, los alumnos leen el texto y comprueban sus hipótesis.
- Los resultados se comentan en el pleno.

Información
La Puerta del Sol es uno de los lugares más emblemáticos de Madrid. Desde el reloj de la torre de uno de sus edificios se dan las famosas doce campanadas la noche del 31 de diciembre que marcan la tradicional toma de las uvas. Este lugar fue elegido por el movimiento 15-M para hacer una acampada que se prolongó varios meses.

6 b. Un concurso de preguntas.

Objetivos
- Comprensión lectora selectiva.
- Práctica oral y escrita semicontrolada.

Procedimiento
- Pida a los alumnos que formen dos grupos (A y B). En los grupos, cada persona escribe al menos una pregunta sobre el texto y después entre todos los componentes del grupo se seleccionan las cinco mejores. Cuando tengan las preguntas listas, pida a los alumnos que elijan a un portavoz para leer en voz alta las preguntas.
- Lance una moneda al aire para decidir qué grupo empieza antes. Si sale cara, empieza el equipo A; si sale cruz, entonces pregunta primero el equipo B.
- Cada grupo, por turnos, hace una pregunta y el otro equipo tiene que contestar. Pueden acordar el tiempo máximo que tiene cada grupo para responder.
- Al final, gana el equipo que tenga más respuestas correctas.

7 a. En cadena. Los motivos de la protesta.

Objetivo
Práctica controlada del subjuntivo con expresiones de rechazo.

Procedimiento

- Señale los verbos del cuadro y explique a los alumnos que se utilizan para expresar rechazo. Asegúrese de que conocen el significado de todos ellos y recuérdeles que se construyen como *gustar*. Si quiere, puede escribir este esquema en la pizarra:

```
Le/Les molesta    + la mentira.
Le/Les molesta    + escuchar mentiras.
Le/Les molesta    + que los políticos mientan.

Le/les molestan   + las mentiras.
```

- Pida a los alumnos que relacionen los elementos de la tabla para resumir los motivos por los que los "indignados" decidieron manifestarse.
- En el pleno, pida a varios voluntarios que por turnos lean una de sus frases.

7 b. Piense ahora en su país y complete las siguientes frases.

Objetivo
Práctica semicontrolada de los recursos para expresar rechazo y obligación.

Procedimiento

- Anime a los alumnos a que piensen en aspectos relacionados con su país que les producen rechazo y en una solución para cada caso.
- Señale las frases y pídales que las completen con sus ideas. Dirija su atención a la tabla de recursos que aparece a la izquierda, donde pueden encontrar más expresiones de obligación.
- Por turnos, cada persona explica al resto de la clase qué le molesta y/o qué se debería hacer en su opinión.

Alternativa
En el pleno, los alumnos explican qué aspectos de su país les producen rechazo usando las frases: *Me indigna / No me parece justo que...* Mientras, tome usted nota de los problemas en la pizarra. Intenten ponerse de acuerdo para clasificar los problemas de forma temática: educación, sanidad, racismo, economía, etc. A continuación, forme grupos de cuatro personas y asígneles un tema, del que serán los expertos. Cada grupo propone soluciones para los problemas de su tema de trabajo. Al final, cada grupo de expertos presenta al resto de la clase sus soluciones. Insista en que para expresar sus propuestas usen los recursos que tienen en el margen: *deberíamos, tendríamos que, habría que, hace falta*.

8 a. Lea cómo estas personas vivieron la acampada de la Puerta del Sol. ▶▶ 42-44

Objetivos

- Comprensión auditiva global.
- Comprensión lectora.

Procedimiento

- Pida a tres voluntarios que lean por turnos los textos sobre cómo vivieron las personas de las fotos la acampada de la Puerta del Sol.
- Explique a los alumnos que van a escuchar una entrevista con cada una de ellas y que su tarea consiste en identificar en qué orden hablan.
- Ponga la audición una vez y después comprueben los resultados en el pleno.

Solución
1. Vicente, 2. Claudia, 3. Amalia

8 b. Vuelva a escuchar a las personas y tome nota sobre estos aspectos.

Objetivo
Comprensión auditiva selectiva.

Procedimiento

- Pida a los alumnos que escriban en sus cuadernos una tabla similar a la del libro y que dejen suficiente espacio para escribir.
- Ponga la audición por segunda vez y diga a sus alumnos que tomen nota sobre los motivos que tenían las personas para participar en la acampada y cómo fue su experiencia.

Solución
Claudia:
motivos: no le pareció normal que la gente con carrera no pudiera encontrar trabajo.
experiencia: muy especial. El movimiento unió a gente de diferentes ideologías que quería cambiar las cosas.

Vicente:
motivos: tuvo que cerrar su restaurante por la crisis.
experiencia: muy bonita. Los ciudadanos son capaces de organizarse y de protestar de manera pacífica.

Amalia:
motivos: casualidad.
experiencia: fantástica. Buena organización.

11 Solidarios

8 c. ¿Cuáles de estas afirmaciones corresponden a la información de las entrevistas?

Objetivo
Comprobar la comprensión auditiva y presentar de forma contextualizada el uso del imperfecto de subjuntivo en frases subordinadas en el pasado.

Procedimiento
- Pida a los alumnos que escriban junto a las frases si las afirmaciones corresponden a la información de las entrevistas (V) o no (F).
- Déjeles un par de minutos para que comparen sus respuestas con un compañero.
- A continuación, ponga la audición una vez más para que los alumnos puedan comprobar sus respuestas y corregir la información que es falsa.
- Al final, la solución se comprueba en el pleno.

Solución
Verdadero: 1, 2, 3, 4, 5
Falso: 6: Por eso ellas prepararon un cocido madrileño y solo esperaban que les devolvieran las ollas.
7: En el lugar donde ofrecían masajes le pidieron a la fotógrafa que no sacara fotos.

8 d. Subraye en las frases anteriores con dos colores diferentes los verbos que están en presente y en imperfecto de subjuntivo.

Objetivo
Sensibilizar a los alumnos sobre el uso del imperfecto de subjuntivo en frases subordinadas en el pasado.

Procedimiento
- Pida a los alumnos que lean de nuevo las frases de la actividad anterior y que marquen con un color los verbos que están en presente de subjuntivo y con otro, los que están en imperfecto.
- Pregúnteles de qué depende que se use cada tiempo. Los alumnos podrán deducir con ayuda de los ejemplos que se usa presente o imperfecto en la frase introducida por *que* según el tiempo del verbo principal:

verbo principal	verbo subordinado
presente →	presente de subjuntivo
pasado →	imperfecto de subjuntivo

- Aproveche para decir que en el caso de que el verbo vaya en condicional, el verbo de la frase subordinada también va en imperfecto de subjuntivo y póngales un ejemplo para que lo añadan a la tabla: *Me gustaría que todo el mundo se comprometiera más.*

9 a. Padres e hijos: los principios cambian con el tiempo.

Objetivo
Práctica escrita personalizada y semicontrolada del imperfecto de subjuntivo.

Procedimiento
- Escriba en la pizarra la frase: *Los principios cambian con el tiempo*. Asegúrese de que todos entienden a qué se refiere y si es necesario, ponga algún ejemplo. A continuación, pregunte a los alumnos si están de acuerdo o no con esta afirmación.
- A continuación, pídales que recuerden cómo les educaron sus padres y que completen las frases con sus experiencias.

9 b. En grupos de tres, comparen y comenten los resultados.

Objetivo
Práctica oral controlada.

Procedimiento
- Forme grupos de tres personas y anímelos a que comparen las frases que escribieron en la actividad anterior.
- En el pleno, cada grupo explica al resto si sus padres tenían la misma forma de educarlos o no.

9 c. ¿Y usted? ¿Qué espera de sus hijos o de los jóvenes de hoy?

Objetivo
Práctica oral libre.

Procedimiento
- En los mismos grupos que formaron antes, los alumnos explican a sus compañeros qué esperan de sus hijos, si los tienen, o qué se espera de los jóvenes de hoy en general. Pídales que den ideas sobre temas como educación, trabajo y familia.
- Cada grupo presenta sus ideas en el pleno.
- Al final se comenta entre todos si las expectativas de hoy son muy diferentes o no a las de la generación de sus padres. Para ello pueden basarse en lo que dijeron en la actividad anterior y valorar si hoy en día se seguiría actuando como antes.

10 Un futuro con esperanza.

Objetivos
- Práctica oral del vocabulario relacionado con problemas sociales
- Fijar el uso del imperfecto de subjuntivo con expresiones de deseo.

Procedimiento
- Pida a los alumnos que miren el dibujo que aparece a la derecha y pregunte qué derecho es el que reivindica la mujer. Comente que gracias a grupos que se organizaron para luchar contra injusticias en el pasado, hoy en día existen más derechos y se han logrado muchas mejoras. Entre esos grupos, están los seis movimientos sociales que se mencionan en la actividad.
- Pida a los alumnos que en grupos de tres anoten para cada movimiento cuáles eran sus reivindicaciones y sus logros más importantes. Para ello, deben utilizar el modelo que aparece en el libro.
- En el pleno cada grupo presenta uno de los movimientos y los demás completan o corrigen las informaciones.

Tarea final. Movimiento en mi país

Objetivo
Práctica oral y escrita de los contenidos y recursos de la unidad en un contexto personalizado auténtico.

Procedimiento
- Explique a los alumnos que le gustaría saber más sobre los movimientos de protesta que hubo en la región o en el país.
- Pregúnteles si recuerdan manifestaciones, campañas o iniciativas de los ciudadanos y apúntelas en la pizarra. Insista en que se puede tratar tanto de acciones nacionales como locales, por ejemplo, la construcción de una carretera o las malas condiciones de una escuela.
- A continuación, divida la clase en pequeños grupos y pídales que elijan uno de los movimientos o campañas.
- Entregue a cada grupo una copia de la ficha 16 (pág. 120) con la lista de aspectos que deben tener en cuenta en la presentación. Esta ficha les servirá de guion y en ella podrán tomar notas.
- Por turnos, cada grupo hace su presentación. Es importante que no lean en voz alta la ficha que han completado, sino que la usen como base para su pequeña ponencia. Mientras lo hacen, tome usted nota de posibles errores para comentarlos al final.
- Insista en que guarden las notas de la ponencia en el dossier de su portfolio.

Amor imposible

Capítulo 9: Final 45

Objetivos
Comprensión lectora y auditiva global y práctica escrita.

Procedimiento
- Explique a los alumnos que hoy van a escuchar el último capítulo de la radionovela.
- Pregúnteles cómo creen que será el final.
- Después, ponga la audición para comprobar las hipótesis.
- Recuérdeles que tienen que escribir su último resumen. Si han sido buenos asistentes, ahora podrán leer todos los capítulos juntos como si fuera una pequeña novela de amor.

Con sabor

Objetivo
Comprensión lectora global y práctica oral para presentar un producto típico del mundo hispanohablante: el aceite de oliva.

Procedimiento
- Pregunte a los alumnos qué relacionan con el aceite de oliva: usos, propiedades, etc.
- Escriba en la pizarra todas las palabras que mencionan los alumnos.
- A continuación, dígales que lean el texto y comprueben si aparecen las palabras de la lista o no.
- Hagan una puesta en común en el pleno y pregunte a los alumnos qué aspectos no conocían antes. Aproveche también para que contesten las preguntas que hay en el texto.

12 Mirador

Hablamos de cultura: celebraciones

1 a. ¿Qué opina usted? Marque una alternativa y coméntelo con un/a compañero/-a.

Objetivo
Reflexionar sobre la actitud personal respecto a algunas celebraciones.

Procedimiento
- Pida a los alumnos que marquen individualmente la alternativa con la que más se identifican o que añadan otra para explicar cómo actúan en esos casos. Insista en que no hay una respuesta correcta, sino que depende de la perspectiva de cada uno.
- Forme parejas y anímelos a que comparen entre ellos sus respuestas.
- En el pleno, cada pareja presenta los aspectos que tienen en común.

1 b. Una boliviana recuerda el día de su boda. ¿Es parecido a una boda en su país?

Objetivo
Comprensión lectora global para introducir la perspectiva de una persona hispanohablante.

Procedimiento
- Pida a los alumnos que en cadena le digan una palabra que relacionan con celebrar una boda. No olvide apuntar lo que dicen en la pizarra.
- A continuación, explíqueles que van a leer un texto en el que una mujer de Bolivia cuenta cómo fue el día de su boda.
- Pídales que lean el texto y que marquen todas las palabras relacionadas con esta celebración.
- Después, en el pleno comenten qué palabras de la lista que han mencionado entre todos no aparecen en el texto.
- Tómese tiempo para que los alumnos puedan hablar de las posibles semejanzas y diferencias entre lo que explica la mujer boliviana y las costumbres en su país.

1 c. ¿Puede contar cómo fue o cómo se imagina su propia boda (o por qué no tiene interés en casarse)?

Objetivo
Práctica oral personalizada.

Procedimiento
- En grupos, los alumnos comentan cómo fue o cómo se imaginan su propia boda. Para facilitarles la tarea, puede escribir en la pizarra los siguientes puntos:

> ✓ fecha o época del año ✓ tipo de ceremonia
> ✓ lugar ✓ ropa
> ✓ número de invitados ✓ almuerzo / cena
> ✓ regalos ✓ anécdotas

- Explique que las personas que no tienen interés en casarse, si quieren, puede comentar alguna boda en la que hayan estado o explicar por qué no tienen interés en casarse.
- En el pleno, cada alumno comenta un aspecto que le haya llamado la atención de la boda de alguno de sus compañeros.

Ahora ya sabemos...

2 Hablar con alguien para solucionar un problema.

Objetivo
Práctica oral controlada (interacción oral) de los recursos para hablar, protestar, expresar rechazo, dejar la decisión a otros, dar su opinión y hablar de condiciones y consecuencias.

Procedimiento
- Divida la clase en grupos de tres personas y explíqueles la situación que van a representar: dos personas del grupo son unos turistas que están

de vacaciones. Cuando vuelven al lugar donde han dejado el coche, un policía, la otra persona del grupo, quiere ponerles una multa por haber aparcado mal.
- Pida a los alumnos que lean los roles y que elijan uno de ellos.
- Dígales que para preparar la escena es conveniente que consulten las expresiones de las páginas 86, 96 y 106.
- Por turnos, cada grupo representa la escena para el resto de los compañeros. Mientras hablan, no los interrumpa para corregirlos. Puede tomar nota de errores o aspectos que le han llamado la atención y comentarlos más tarde.
- Insista en que marquen el símbolo según el nivel que creen tener y pregúnteles qué aspectos consideran que deben practicar más y por qué.

3 Hacer un pequeño discurso (formal) delante de un público.

Objetivo
Práctica oral (monólogo sostenido).

Procedimiento
- Explique a los alumnos que van a practicar la tarea de dar un breve discurso (3 minutos) y que pueden elegir entre las dos situaciones que se plantean en la actividad.
- Con el fin de disminuir la ansiedad que produce en algunos alumnos una tarea como esta, insista en que la clave está en la preparación. Dirija la atención de los alumnos hacia el cuadro verde que tienen a la derecha con algunos consejos prácticos.
- Déjeles tiempo para que se preparen, hagan su esquema y consulten las fórmulas de saludo y despedida en un contexto formal y las expresiones para organizar un discurso.
- En grupos de cuatro, los alumnos hacen sus presentaciones. Después, eligen el discurso que les haya gustado más.
- Pregunte a los alumnos cómo se han sentido durante la presentación y recuérdeles que marquen el símbolo según el nivel que creen tener.

4 Escuchar y comprender opiniones. ▶▶ 46 – 47

Objetivo
Comprensión auditiva global.

Procedimiento
- Explique a los alumnos que van a escuchar a dos personas que dan su opinión sobre temas diferentes.
- Pídales que lean las frases para hacerse una idea del contexto y que marquen las palabras a las que tienen que estar atentos durante la audición.
- Ponga la audición 46 una vez, haga una pausa de unos veinte segundos y ponga la misma audición otra vez. Proceda de la misma forma con la audición 47. De esta forma los alumnos se podrán acostumbrar a la dinámica de las pruebas de comprensión auditiva en exámenes oficiales como el DELE o el telc.
- Pida a dos voluntarios que digan su solución y pregunte al resto de la clase si están de acuerdo o no.
- Recuérdeles que marquen el símbolo según el nivel que creen tener.

Solución
1. Las revistas femeninas transmiten una imagen de la mujer que no corresponde a la realidad.
2. Según el político no podemos sobrevivir en un mundo globalizado sin hablar inglés.

5 Escribir una carta expresando su opinión.

Objetivo
Práctica escrita guiada.

Procedimiento
- Comente a la clase que leyendo el periódico ha encontrado una noticia con el titular *Fiestas de bótox*. Aproveche para preguntar a los alumnos si han oído hablar de este producto y deje que un voluntario explique al resto de compañeros de qué se trata.
- Pídales que lean la noticia y que después escriban una carta al director expresando su opinión.
- Para escribir el texto pueden basarse en estas preguntas:

> 1. ¿Cuándo y dónde han leído la noticia?
> 2. ¿Cuál es el tema principal?
> 3. ¿Están de acuerdo con las siguientes afirmaciones?
>   a) Las mujeres tienen necesidad de verse más jóvenes y bellas.
>   b) Parecer más joven y estar siempre bella es algo imprescindible para tener éxito en el trabajo y en la vida personal.

Alternativa
Antes de empezar, es interesante que los alumnos lean algún ejemplo de una carta al director en español. De esta forma, pueden ver la estructura

12 Mirador

de este tipo de texto: introducción, desarrollo de la tesis principal y conclusión. También sería un buen momento para insistir en la importancia de los conectores para dar cohesión al texto.

Terapia de errores

6 a. Terapia de errores orales.

Objetivo
Sensibilizar a los alumnos sobre los errores que cometen en la expresión oral y practicar la coevaluación.

Procedimiento
- Divida a la clase en grupos de tres o cuatro y pida a los alumnos que elijan en cada grupo a una persona que hará de observador mientras las otras hablan.
- Explique que la tarea del observador consiste en tomar nota de los errores que escucha. Si en algún caso no está seguro, puede consultarle a usted o a un observador de otro grupo.
- Dígales que tienen tres minutos para hablar entre ellos de sus planes para las próximas vacaciones.
- Pasados los tres minutos, haga una señal para que dejen de hablar.
- Al final, la persona que ha hecho de observador muestra la lista de errores que ha apuntado a sus compañeros.

Alternativa
Algunas personas están incómodas cuando se sienten observadas. Una posible solución consiste en poner una grabadora en el centro y pedir a todos los miembros del grupo que hablen de sus planes. Hoy en día muchos móviles llevan incorporada la opción de grabar. Después, en el grupo se pueden escuchar las grabaciones y apuntar los errores.

6 b. Comenten en el grupo los errores apuntados y busquen entre todos posibilidades para evitarlos.

Objetivo
Reflexionar sobre errores al hablar y las posibilidades que hay para evitarlos.

Procedimiento
- En grupos, los alumnos clasifican primero los errores que ha apuntado su compañero. Pueden usar, por ejemplo, la siguiente clasificación, basada en la de la página 41:

> ✓ sintaxis ("Satzbau")
> ✓ concordancia
> ✓ verbos
> ✓ preposiciones
> ✓ pronunciación

- En el pleno, los alumnos comentan qué errores se han repetido con más frecuencia en sus grupos.
- Después, entre todos, se buscan posibilidades para evitarlos.

Zona estratégica: me faltan las palabras

7 a. Me faltan las palabras para decir lo que quiero…

Objetivo
Presentar una estrategia de compensación para resolver situaciones en las que se desconoce o no se recuerda una palabra en la otra lengua.

Procedimiento
- Comente a los alumnos que muchas veces a la hora de hablar se dan situaciones en las que no conocemos o no se nos ocurre la palabra que necesitamos. Esto ocurre tanto en la lengua materna como en una extranjera. Lo importante en estos casos es recurrir a mecanismos o estrategias para seguir con lo que queremos decir. En clase ya han visto que se puede usar un sinónimo o un contrario, describir la palabra o incluso dibujarla.
- Explique que otra de las estrategias es usar lo que llamamos las palabras "comodín", es decir, una palabra que se usa en diferentes ocasiones y que tiene un significado general, por lo que puede usarse en lugar de otras muchas.
- Pídales que se fijen en las frases de la actividad y que identifiquen a qué se refieren las palabras en negrita.

7 b. ¿Cuáles son las palabras más utilizadas en su lengua en estos casos? ¿Cuál utiliza usted más?

Objetivo
Sensibilizar a los alumnos sobre el uso de palabras "comodín".

Procedimiento
- En el pleno, pregunte cuál sería el equivalente en su idioma para los comodines de la actividad anterior.

- A continuación, pídales que clasifiquen las palabras según la frecuencia de uso: 1 (poco frecuente) – 5 (muy frecuente).
- Después, los alumnos explican a la clase qué palabra es la que más usan.

Observación
Lo importante de esta actividad es que los alumnos se den cuenta de que el uso de estas palabras es una estrategia muy habitual entre los hablantes.

7 c. ... pero tengo más palabras de las que pienso.

Objetivo
Presentar los verbos *hacer* y *poner* como comodines y sus posibles usos.

Procedimiento
- En parejas, los alumnos buscan verbos más precisos que sustituyan *hacer* o *poner* en las frases.
- Las propuestas se comentan en el pleno.

Un texto literario que da que hablar

8 a. Estamos llegando al final del libro y del curso de español y es hora de hablar del futuro.

Objetivos
- Práctica oral personalizada.
- Preparar la comprensión lectora de 8c.

Procedimiento
- Señale el dibujo de la mujer con la bola de cristal y pregunte a los alumnos si conocen otras formas de predecir el futuro.
- Asegúrese de que se mencionan las posibilidades de la lista y ayude a los alumnos con las posibles dudas de vocabulario. Insista en que pregunten usando la estrategia que han visto en este mirador, u otras que conozcan, por ejemplo: *¿Cómo se llaman las cosas que hay en la taza después de beber un café?*
- A continuación, pregúnteles si han tenido experiencias con esos métodos y si recuerdan alguna predicción que (no) se confirmó.
- Haga una encuesta en la clase para saber si estos métodos les parecen fiables o pura superstición.
- Por último, pregunte a los alumnos en el pleno si creen que el futuro se puede predecir.

8 b. En el cuento 'El profeta' del escritor uruguayo Mario Benedetti aparece una serie de verbos que tienen un significado parecido. ¿Cuál es? Complete la tabla.

Objetivos
- Presentar vocabulario a partir de sinónimos.
- Preparar la comprensión lectora de 8c.

Procedimiento
- Explique a los alumnos que en el cuento que van a leer, el autor evita repetir siempre el mismo verbo usando para ello diferentes sinónimos.
- Proponga a los alumnos que relacionen los verbos *pasar*, *hacer responsable* y *predecir* con el grupo de verbos que tiene un significado parecido.
- Los resultados se comentan en el pleno.

Información
Mario Benedetti (Paso de los Toros, Uruguay 1920-Montevideo 2009): escritor y poeta de reconocido prestigio. Publicó más de ochenta libros, algunos de los cuales se han traducido a más de 20 idiomas. Tras el golpe militar de 1973 en Uruguay, tuvo que exiliarse por razones ideológicas, primero a Argentina, y más tarde a Perú, Cuba y España.

8 c. Lea el cuento y marque en qué párrafo se hace una profecía que se refiere a la naturaleza, a la sociedad, a una banalidad o a la geografía.

Objetivo
Comprensión lectora global.

Procedimiento
- Pida a los alumnos que lean el cuento y que marquen en cada párrafo a qué tema se refiere la profecía: naturaleza, sociedad, una banalidad o geografía.
- Aclare las posibles dudas de vocabulario, aunque es importante que los alumnos se acostumbren a no leer palabra por palabra y a decidir si la palabra que desconocen es realmente clave para entender el significado del texto.
- En el pleno, pregunte en qué orden aparecen los temas.

Para ampliar
Pregunte a los alumnos cómo interpretan ellos el cuento de Benedetti y cuál es el mensaje principal.

12 Mirador

8 d. Profetas modernos. ¿Quién cree que se equivoca más (o menos) en sus 'profecías'?

Objetivo
Práctica oral libre.

Procedimiento
- Comente a los alumnos que muchas personas de alguna manera hacen profecías a diario en sus trabajos, por ejemplo: médicos, políticos, periodistas, analistas de mercado o profesores de escuela.
- Propóngales que clasifiquen las profesiones anteriores según su capacidad de predecir algo: 1 (menos capacidad) – 5 (más capacidad).
- Después, por turnos, cada alumno explica cómo ha ordenado las profesiones y explica su decisión.

Alternativa
Una vez que los alumnos tienen hecha su clasificación, se forman grupos de cuatro personas. Cada persona explica sus argumentos e intenta convencer al resto de que la suya es la mejor clasificación. Al final tienen que ponerse de acuerdo para presentar en el pleno una clasificación única.

8 d. Hacemos profecías en el grupo.

Objetivo
Práctica oral personalizada.

Procedimiento
- Forme parejas y pídales que hagan de profetas por un día. Cada persona hace una profecía para su compañero sobre su futuro con el español u otros aspectos.
- En el pleno, cada persona explica qué profecía le hizo su compañero y comenta si cree que tiene muchas o pocas posibilidades de cumplirse.

El alumno ideal...

- tiene interés por la lengua y la cultura.
- es responsable.
- es respetuoso con los otros compañeros.
- participa activamente en clase.
- hace siempre los deberes.
- es puntual.
- tiene mucha motivación para aprender.
- se identifica con la lengua y la cultura.
- pregunta sus dudas en la clase.
- busca oportunidades de practicar español dentro y fuera de la clase.
- no tiene miedo de equivocarse.
- _____
- _____

Ficha 2, Unidad 1

FORMAS DE APRENDER UN IDIOMA	VENTAJAS	DESVENTAJAS
hacer un curso intensivo en el país del idioma que se aprende		
hacer un curso en la universidad popular de su ciudad		
trabajar con un libro o programa de autoaprendizaje		
hacer un intercambio con un nativo		
tener clases particulares		
hacer un curso online con tutor		

MIS EXPERIENCIAS EN EL EXTRANJERO

Hace _____ (cuándo) fui a _____ (dónde).

En general, la gente me pareció _____
_____
_____

Recuerdo especialmente una vez que _____
_____
_____
_____

Esto me ayudó a _____
_____
_____

El balance fue _____
_____
_____
_____

Ficha 4, Unidad 2

Mi blues del viajero

Maldito viaje,
maldito dinero, malditas las ganas que tuve de irme lejos de _____
_____

Maldita la agencia
que nos vendió
billetes _____
_____

"Tranquilo, señor,
sube su presión",
me dijo el tipo después de quejarme porque no funciona _____
_____.

Maldita _____,
Maldito _____
Maldita la idea de _____
En un _____

"_____"
me dijo _____,
"es lógico que _____
_____

Baby, oh baby.
ayúdame, la próxima vez que me veas leyendo prospectos de viajes:
¡Mátame!

Un viaje inolvidable

ANUNCIO:

Venga con nosotros a

Propuesta foto:

FICHA INFORMATIVA:

Fecha / Duración: _____

Precio: _____

Transporte: _____

Alojamiento: _____

Actividades: _____

_____

Guía: _____

Consejos prácticos: _____

_____

_____

El juego de la casa

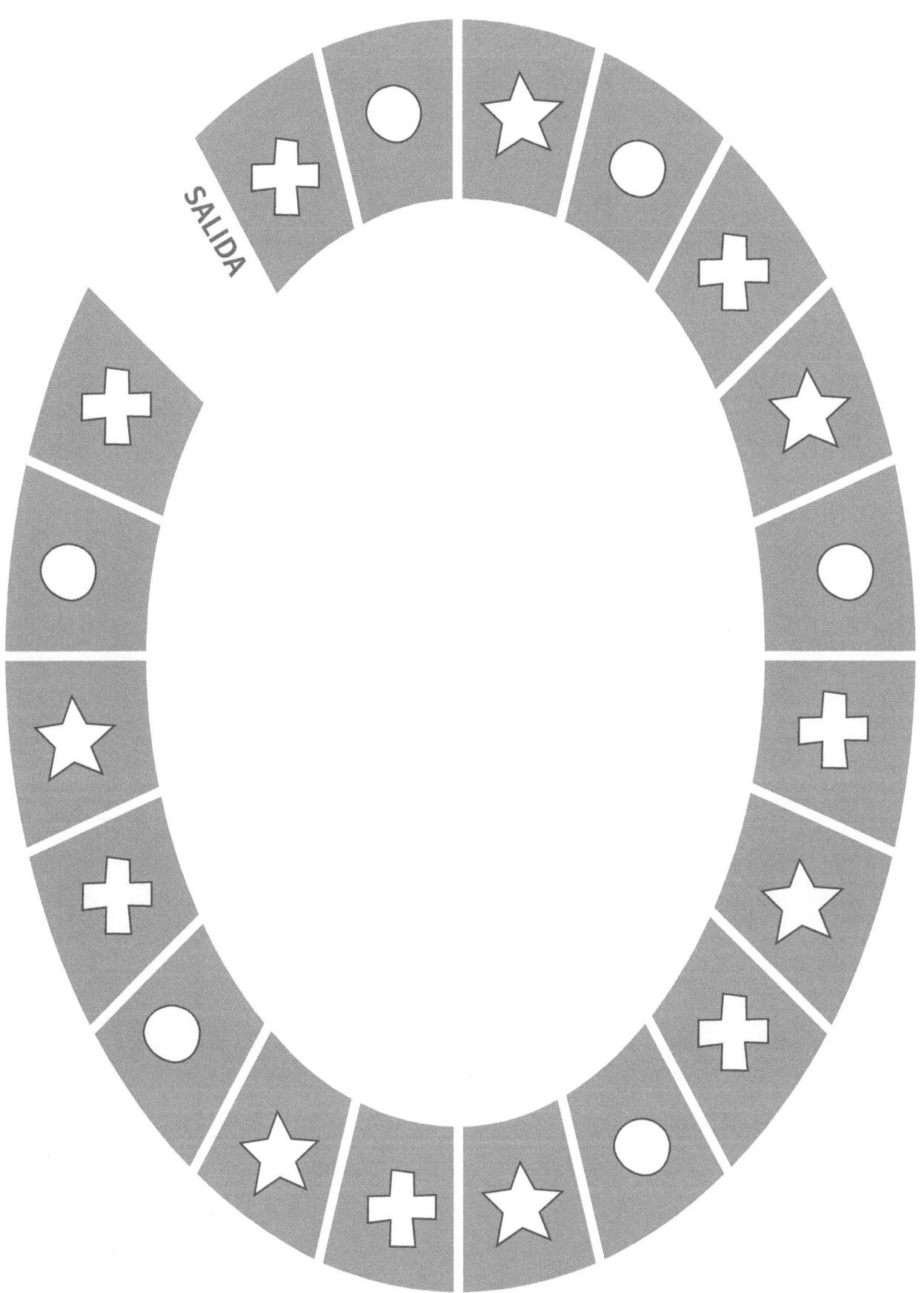

Ficha 6 b, Unidad 3

AYUNTAMIENTO

Encuesta sobre la calidad de vida en

VIVIENDAS:
-
-

TRANSPORTE:
-
-

EDUCACIÓN:
-
-

CULTURA:
-
-

PROBLEMAS:
-
-

Hábitos de lectura

1. ¿Le gusta leer?   Alumno A   Alumno B   Alumno C
    a. Sí. ☐ ☐ ☐
    b. No. ☐ ☐ ☐
    c. Depende. ☐ ☐ ☐

2. ¿Qué lee habitualmente?
    a. Prensa. ☐ ☐ ☐
    b. Correos electrónicos. ☐ ☐ ☐
    c. Artículos en internet. ☐ ☐ ☐

3. ¿Para qué lo hace?
    a. Para informarme. ☐ ☐ ☐
    b. Para divertirme. ☐ ☐ ☐
    c. Para aprender. ☐ ☐ ☐

4. ¿Cuánto tiempo lee diariamente?
    a. Treinta minutos. ☐ ☐ ☐
    b. Una hora. ☐ ☐ ☐
    c. Más de 2 horas. ☐ ☐ ☐

5. ¿Dónde prefiere leer?
    a. Sentado en el sofá. ☐ ☐ ☐
    b. Acostado en la cama. ☐ ☐ ☐
    c. De pie o caminando. ☐ ☐ ☐

6. ¿Cuántos libros tiene en su casa?
    a. Menos de diez. ☐ ☐ ☐
    b. Entre veinte y cincuenta. ☐ ☐ ☐
    c. Más de cien. ☐ ☐ ☐

7. ¿Qué momento prefiere para leer?
    a. Cuando me acuesto. ☐ ☐ ☐
    b. Cuando me levanto. ☐ ☐ ☐
    c. Durante el día. ☐ ☐ ☐

Ficha 9, Unidad 5

CUESTIONARIO DE VALORACIÓN

1. Valore del 1 (el peor) al 7 (el mejor) las siguientes secciones de la revista *Cine y Letras*:

	1	2	3	4	5	6	7
Reseñas	☐	☐	☐	☐	☐	☐	☐
Recomendaciones	☐	☐	☐	☐	☐	☐	☐
Novedades	☐	☐	☐	☐	☐	☐	☐
Entrevistas	☐	☐	☐	☐	☐	☐	☐

2. ¿Qué sección le ha parecido la…
   más interesante? _____
   más clara / mejor escrita? _____
   más útil? _____
   más novedosa? _____
   que ha seleccionado mejor su tema / libro, etc.? _____

Ficha 10, Unidad 6

Ficha 11, Unidad 6

hacer un trabajo muy útil	nacer en el zoo	informar sobre los animales y su forma de vivir	no poder vivir en libertad
reproducirse	tener una función importante	ponerse agresivos	tener una función educativa
ser una tortura	estar encerrados	contribuir a la biodiversidad	no vivir en su entorno natural
estar en peligro de extinción	estudiar la vida de los animales	no conocer otro entorno	hacer muchos esfuerzos

- como
- porque
- por
- para
- para que
- de modo que
- así que
- por eso

Ficha 12, Unidad 7

BUSCO

objeto: _____

descripción: _____

Tel.: _____

E-mail: _____

OFREZCO

objeto: _____

descripción: _____

Tel.: _____

E-mail: _____

BUSCO

objeto: _____

descripción: _____

Tel.: _____

E-mail: _____

OFREZCO

objeto: _____

descripción: _____

Tel.: _____

E-mail: _____

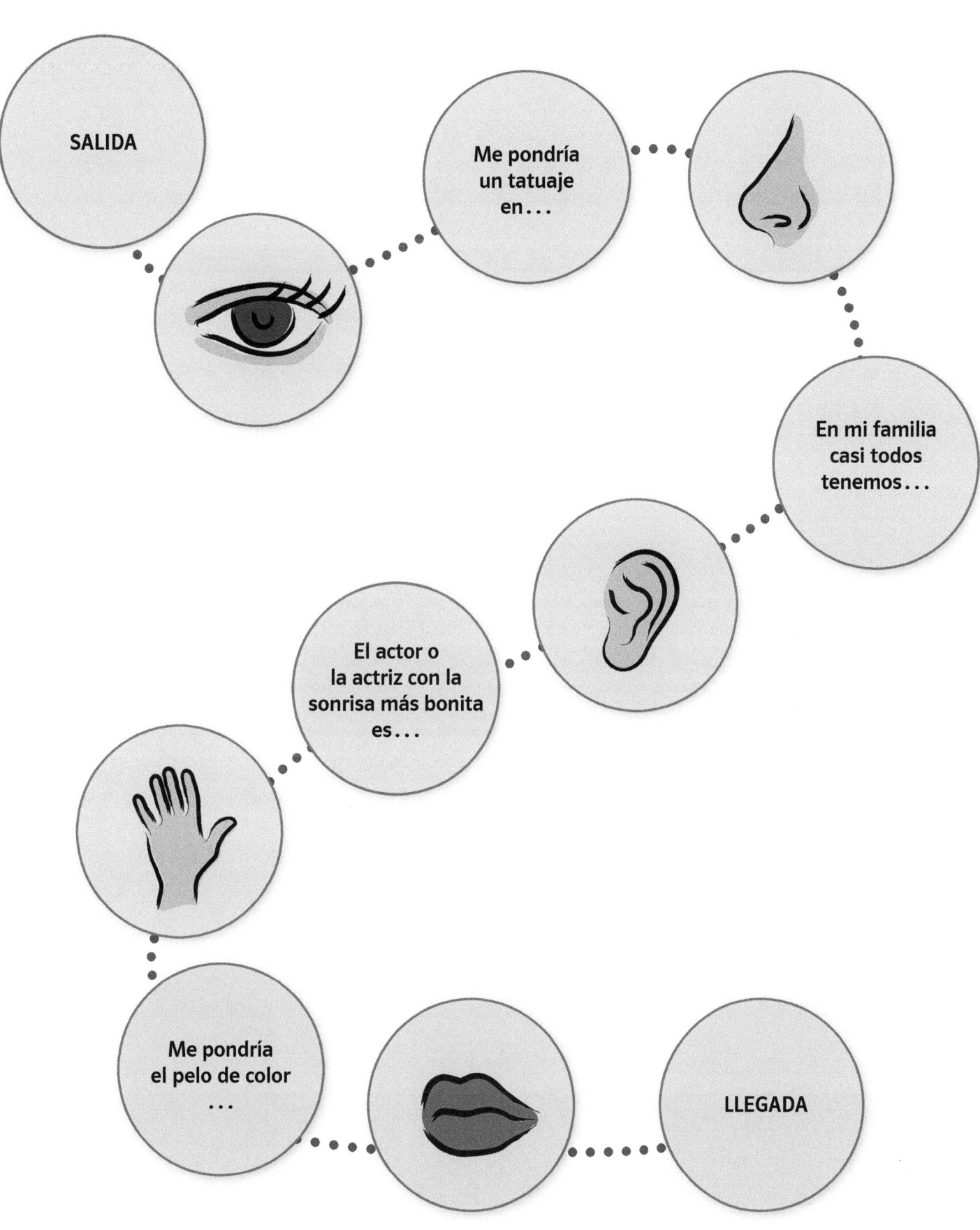

CUESTIONARIO DE VALORACIÓN

Título: _____   Grupo: _____

CONTENIDOS: **COMENTARIOS:**

Saludo   [1] [2] [3] [4] [5] [6] [7]   _____
Organización de ideas   [1] [2] [3] [4] [5] [6] [7]   _____
Contenidos   [1] [2] [3] [4] [5] [6] [7]   _____
Esquema   [1] [2] [3] [4] [5] [6] [7]   _____
Final   [1] [2] [3] [4] [5] [6] [7]   _____
Forma de presentar   [1] [2] [3] [4] [5] [6] [7]   _____

NOTAS:

_____
_____
_____

-------------------------✂--

CUESTIONARIO DE VALORACIÓN

Título: _____   Grupo: _____

CONTENIDOS: **COMENTARIOS:**

Saludo   [1] [2] [3] [4] [5] [6] [7]   _____
Organización de ideas   [1] [2] [3] [4] [5] [6] [7]   _____
Contenidos   [1] [2] [3] [4] [5] [6] [7]   _____
Esquema   [1] [2] [3] [4] [5] [6] [7]   _____
Final   [1] [2] [3] [4] [5] [6] [7]   _____
Forma de presentar   [1] [2] [3] [4] [5] [6] [7]   _____

NOTAS:

_____
_____
_____

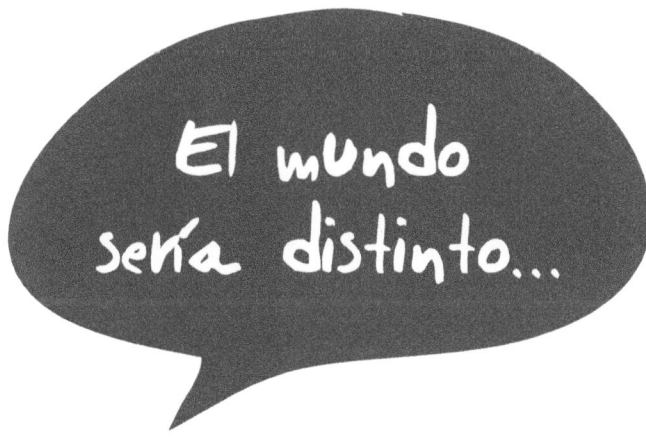

El mundo sería distinto...

Si usáramos más los transportes públicos, ...
Si todos tenemos derecho a una vivienda, ...
Si consumiéramos menos energía, ...
Si somos más solidarios, ...
Si fuéramos más responsable con los animales, ...
Si integráramos más a la gente mayor, ...

El mundo sería distinto...

Si usáramos más los transportes públicos, ...
Si todos tenemos derecho a una vivienda, ...
Si consumiéramos menos energía, ...
Si somos más solidarios, ...
Si fuéramos más responsable con los animales, ...
Si integráramos más a la gente mayor, ...

UN MOVIMIENTO DE PROTESTA:

Motivo:

Lugar:

Fecha aproximada:

Eslóganes:

Participantes:

Actividades:

Duración:

Reacciones:

Resultado: